# Dominican Spanish 101

*Complete Bilingual Guide to the Unique Words & Expressions of the Dominican Republic*

Copyright © 2017-2019 DominicanSpanish101.com

All rights reserved.

# Preface

The Dominican Republic is a Caribbean nation that shares the island of Hispanola with Haiti.

The country has had many influences that have given it a unique culture and language. Large populations of Dominicans can also be found living abroad from New York and New Jersey in the United States and even in Spain.

This book is your insider's guide to decoding the language spoken Dominicans, from *jerga* (slang) to everyday words and common expressions.

**Why I Created this Book**

I grew up in the United States speaking only English. When I first learned Spanish, I learned from a textbook in a public school classroom.

I quickly found that when I left the country for the first time, I was ill-equipped to speak Spanish with real people.

And I had completed through level 6 of Spanish at the academic level.

When I became a language coach, I realized that many of my clients faced the same issue.

Since then, I have been passionate about teaching people authentic Spanish the way it's spoken by real people.

This book is one in a series of bilingual guides that provides insight into the Spanish language as it is spoken in daily life.

**What this Book Is Not**
This book is not a Dominican travel guide or history book, although it will explain some of the historical influences on the language. It is also not my opinion of the Domican Republic, or an outsider's view of the country. I did not come up with the phrases in this book; rather, they were sourced from native Spanish speakers living in the Dominican Republic that are intimately familiar with the language and use it every day.

**What this Book Is**
This book is a curated list of common Dominican Spanish phrases and expressions compiled by Dominicans living in various parts of the country.

Each entry is provided in both English and Spanish, with several examples to give you the real context in which the words are used.

I hope you enjoy this opportunity to get insight into the language of "the DR."

Tamara Marie
Certified Language Coach

# Table of Contents

*Preface* .................................................................................. *i*
*Table of Contents* ................................................................ *iii*

## Introduction
What is Dominican Spanish? ................................................ 13
Historical Influences ............................................................. 15
Regional Dialects within the Country ................................... 17

## Introducción
¿Qué es el español Dominicano? ......................................... 22
Influencia Histórica .............................................................. 24
Dialectos Regionales Dentro del País .................................. 26

## Dominican Spanish Words & Phrases
A lo calla'o ........................................................................... 31
A nivel .................................................................................. 31
A'lante A'lante ...................................................................... 32
Abombarse ........................................................................... 33
Aficia'o (M) / Aficia'a (F) ..................................................... 34
Agayú (M) / Agayúa (F) ....................................................... 34

| | |
|---|---|
| Agolpiá | 35 |
| Agua'o (M) / Agua'a (F) | 36 |
| Ajuntar | 36 |
| Allantoso (M) / Allantosa (F) | 37 |
| Amarga'o (M) / Amargá'a (F) | 38 |
| Anda el diablo | 38 |
| Añoñar; Añoña'o (M)/ Añoñá (F) | 39 |
| Apagón | 40 |
| Apearse | 40 |
| Apechurrao | 41 |
| Apero (M) / Apera (F) | 42 |
| Apota | 43 |
| Arracar | 43 |
| Arregoso | 44 |
| Arrima'o | 45 |
| Asopao | 45 |
| Ayantoso (M) / Ayantosa (F) | 46 |
| Baboso (M) / Babosa (F) | 47 |
| Bacano (M) / Bacana (F) | 48 |
| Bacano (M) / Bacana (F) | 48 |
| Bachata | 49 |
| Bájale algo | 50 |

| | |
|---|---|
| Baltrí | 51 |
| Bembe | 51 |
| Boca de suape / Boca de trapo | 52 |
| Boche | 53 |
| Bochinche | 53 |
| Bola | 54 |
| Bonche | 55 |
| Brechador (M) / Brechadora (F) | 56 |
| Bufear | 56 |
| Calentarse / Estar caliente | 57 |
| Calié | 58 |
| Can'taleta | 59 |
| Carabelita | 59 |
| Carajito (M) / Carajita (F) | 60 |
| Casimente | 61 |
| Ché | 61 |
| Chepa | 62 |
| Chercha | 63 |
| Chicharrón | 64 |
| Chichí | 64 |
| Chichigua | 65 |
| Chichón | 66 |

| | |
|---|---|
| Chiripa | 67 |
| Chivo | 67 |
| Chuliar | 68 |
| Cicote | 69 |
| Cocolo | 70 |
| Cocotazo | 70 |
| Colmadón | 71 |
| Concho | 72 |
| Cónchole / Cónchale | 73 |
| Concón | 73 |
| Coro | 74 |
| Cotorra | 75 |
| Cuarto | 76 |
| Curtío (M) / Curtía (F) | 76 |
| Cute | 77 |
| Demagogia / Dema | 78 |
| Dembow | 78 |
| Detutane | 79 |
| Dique | 80 |
| Embullar | 81 |
| Emburujar | 81 |
| Emprestar | 82 |

Encaramarse .................................................................... 83

Encojonado (M) / Encojonada (F) ................................ 83

Enfríarse o Estar frío ...................................................... 84

Fiebrú ................................................................................ 85

Fogaraté ........................................................................... 86

Freco (M) / Freca (F) ................................................... 86

Fría .................................................................................... 87

Frito ................................................................................... 88

Fukú ................................................................................... 88

Fuñir .................................................................................. 89

Furúfa ................................................................................ 90

Galillo ................................................................................ 90

Gase / Gas ........................................................................ 91

Grajo .................................................................................. 92

Gringo (M) / Gringa (F) ................................................ 92

Guácala ............................................................................. 93

Guachimán ....................................................................... 94

Guagua .............................................................................. 94

Guille ................................................................................. 95

Güira .................................................................................. 96

Habichuela ....................................................................... 97

Habichuela con dulce .................................................... 97

| | |
|---|---|
| Hame' coro | 98 |
| Hanguiá' | 99 |
| Jablador (M) / Jabladora (F) | 99 |
| Jabladuría | 100 |
| Jamona | 101 |
| Jarina | 101 |
| Jarto (M) / Jarta (F) | 102 |
| Jartura | 103 |
| Jevito (M) / Jevita (F) | 104 |
| Jipío | 104 |
| Juchar | 105 |
| Jumo | 106 |
| Juntadera | 106 |
| Kachú | 107 |
| La bandera | 108 |
| La macate'! | 109 |
| Lambón (M) / Lambona (F) | 109 |
| Le pasó como a confú | 110 |
| Llégale | 111 |
| Loco (M) / Loca (F) | 112 |
| Locrio de pollo | 112 |
| Los tres golpes | 113 |

| | |
|---|---|
| Macarla | 114 |
| Mai | 115 |
| Maipiolo | 115 |
| Maltallao | 116 |
| Mandarse | 117 |
| Manganzón | 118 |
| Mangú | 118 |
| Manso | 119 |
| Mapuey | 120 |
| Marimba | 121 |
| Marío | 121 |
| Mata | 122 |
| Matatan (M) / Matatana (F) | 123 |
| Me copiate? | 124 |
| Me puse pa' ti / pa' eso | 124 |
| Merengue | 125 |
| Miao | 126 |
| Mojiganga | 126 |
| Mondongo | 127 |
| Montro | 128 |
| Motete | 129 |
| Moto-concho | 129 |

| | |
|---|---|
| Mueca | 130 |
| Ñapa | 131 |
| Nítido | 131 |
| Ofrecome | 132 |
| Olla | 133 |
| Pai | 134 |
| Pajón | 134 |
| Palomo (M) / Paloma (F) | 135 |
| Pancho | 136 |
| Paracaídas | 137 |
| Pariguayo (M) / Pariguaya (F) | 138 |
| Pastel en hoja | 138 |
| Pavita | 139 |
| Pecao | 140 |
| Pica pollo | 141 |
| Picoteo | 141 |
| Pila | 142 |
| Pique | 143 |
| Pitisalé | 144 |
| Que lo que (klk) | 144 |
| Queso frito | 145 |
| Quipe | 146 |

Rebolu ............................................................................................. 147

Reguero ......................................................................................... 147

Romo .............................................................................................. 148

Sacar los pies / Sacá' lo pié' ................................................... 149

Salsa .............................................................................................. 149

Salta-cocote ................................................................................ 150

Sancocho ..................................................................................... 151

Seguidilla ..................................................................................... 151

Semana santa ............................................................................. 152

Serrucho ....................................................................................... 153

Sirimba ......................................................................................... 154

Sobaco .......................................................................................... 154

Sonso (M) / Sonsa (F) ............................................................... 155

Suape ............................................................................................ 156

Ta' Pasao' ..................................................................................... 157

Ta'To .............................................................................................. 157

Tablazo ......................................................................................... 158

Tallazo .......................................................................................... 159

Tiguere ......................................................................................... 159

Tiguerito (M) / Tiguerita (F) ................................................... 160

Tolete ............................................................................................ 161

Tostonera ..................................................................................... 162

| | |
|---|---|
| Tostones | 162 |
| Trompón | 163 |
| Tufo | 164 |
| Tumbe | 165 |
| Vaina | 165 |
| Vamo a lo que vinimo' | 166 |
| Verdugo | 167 |
| Vestida de novia | 167 |
| Viejebo (M) / Viejeba (F) | 168 |
| Viejo (M) / Vieja (F) | 169 |
| Viralata | 170 |
| Voladora | 170 |
| Yaniqueque | 171 |
| Yeyo | 172 |
| Yuca | 173 |

**Uncensored Dominican Spanish** ............................................. 174

# What is Dominican Spanish?

The Dominican Republic is a Caribbean country with a distinct culture, history, and diverse population.

Dominicans are known for speaking fast and loudly. The Spanish spoken in the Dominican Republic is unique in the way people speak, the vocabulary, and colloquial expressions that are used.

### The Disappearing Letter "D"

One of the distinct characteristics of Spanish spoken in the Domincan Republic and other Caribbean islands is omitting the letter "D" in spoken language. When the letter "D" appears between two vowels, Dominicans generally do not pronounce it.

For example, instead of saying "enamorado" (in love), they would say "enamora'o" and instead of "cansado" (tired), they would say "cansa'o." In general, any word ending in "…ado" will sound like "…a'o".

### Swallowing the Letter "S"

Another common characteristic of Dominican Spanish pronunciation is swallowing the letter "S." Generally, the letter "S" is not pronounced. This is noticeable at the end of words, but also applies to the "S" letter or sound at the beginning in the middle of some words as well.

The word "pescado," for example, pronounced "pe'ca'o" (recall the disappearing letter "D" also). "Está" generally just becomes "'ta," and "tienes" is pronounced "tiene." It may seem like the "tú" (you, informal) conjugation of verbs is mixed up with "usted," but it is the way the words are pronounced rather than a grammatical error.

## Word Order Changes

It is not uncommon to hear a Dominican greet you "¿Cómo tú e'tá?" instead of "Cómo estás tú?" The change in word order may be confusing if you learned Spanish in a school, but this is a common greeting.

# Historical Influences

Throughout the centuries, the Spanish language has gone through a chaotic evolution of dialects. In the Americas, Spanish quickly absorbed the native indigenous languages. The Dominican Republic in particular has had its fair share of cultural influences, well after Christopher Columbus first set foot on the island once known as La Hispaniola.

There are 3 major influences on the language of the Dominican Republic: African, European (Spanish, English, and French), and Indigenous languages.

In 1522, the Island was heavily populated by African slaves that spoke various African tongues, as well as an indigenous Taino population that had their own native language. Both populations were being ruled by Spanish overlords.

As time passed, Spain began to lose its grip on the Hispaniola, indulging in larger conquests over the Mayan and Incan civilizations throughout central and South America. By 1795, the French moved in and took hold of Santo Domingo (the modern day capital of the Dominican Republic).

The French quickly imposed their language on the people—once again altering the mixed Spanish that had already been developed. After many years of harsh French rule, the African slaves revolted and formed the French colony of Haiti, which governed the entire island. Dominicans who refused French assimilation kept the Spanish language alive.

By 1844, Dominicans arose and formed a revolution against

Haitian rule, with the help of the British and Spaniards. Later, the United States occupied the Dominican Republic from 1916 to 1924, bringing an influx of soldiers and another powerful cultural influence to the island.

With all the cultural tug-of-wars in its past, it's not hard to see why the Dominican Republic has such a diverse people and unique language.

# Regional Dialects within the Country

Similar to its people, the Dominican Republic is also geographically diverse—from mountain ranges and open plains to jungle areas and vast savannahs.

The northern coast connects to the Atlantic Ocean, while the south connects with the Caribbean Sea. The indigenous named the land Quisqueya, meaning "mother of all lands."

With modern day Haiti occupying the western parts of the island, the Dominican Republic is made up of three major regions in the north, south and east: El Cibao, El Sur, and El Este.

Each region has its own customs, accent, and expressions.

**The Eastern Region: El Este**

Now if you head to El Este (the eastern region), you will begin to see vast stretches of dry land and dead head. El Este is well known for its major provinces: La Romana, Higuey, and Punta Cana. The beaches are beautiful, as you are now in the Caribbean Coast of the country, and tourism is much higher in this region than any other.

In La Romana, and especially Punta Cana, you will find the largest hotels and resorts in the country. Many Dominicans from all over travel there to work. Unlike in the rest of the country, El Este is much quieter and docile.

The people there mostly speak a Spanish that is very direct, with no regional accent and blunt pronunciation. Here you will find the majority of Catholics and Evangelicals. And even though they may seem a bit intimidating to talk to, their hearts are in the right place.

**Northern Region: El Cibao**

The largest region is El Cibao, which spreads through the north, northeast and central parts of the country. There you will find the longest, highest mountain ranges and fertile land. The El Cibao region accounts for almost all of the country's agriculture and diverse wildlife species, which can be found in Constanza, Santiago, and Puerto Plata (three of the most prominent provinces in El Cibao).

The Cibaeños (people from El Cibao) are well known for their inviting character, laid back attitude, and witty country grammar. They often speak quickly and with a low voice, almost forcing you to lean in on the conversation. Cibaeños would best be described as southern country folks in the United States.

**Cibaeño Dialect**

Many would describe the dialect as speaking Spanish with your mouth full. But even though it may be tricky, once you get the hang of it, it makes Spanish all the more colorful and entertaining. The majority of singers in the country, mainly in the bachata and merengue genres, use this dialect to add authenticity to their music.

**Changing the Letter "R" to "I"**

Cibaeños are also known for changing words ending in "er" to the "ei" sound (pronounced like the long letter "A" in English). For example, instead of saying "comer" (to eat), they would say "comei." And rather than saying "beber" (to drink), they would say "bebei."

**Changing the Letter "I" to "R"**

The letter "I" also gets switched to an "R" in the middle of words. For example, the word aceite (oil) is pronounced "acerte."

**Changing the Letter "L" to "I"**

The letter "L" also can get switched to the "I" sound. For example, the word "vuelta" would be pronounced "vueita" and the word "puerta" is pronounced "pueita" in the northern region.

**The Southern Region: El Sur**

As you travel to El Sur (the south), you'll begin to notice larger open spaces and more urban territory. Here you won't find any large rural areas, as the demographic is predominantly urban.

**Changing the Letter "L" to "R"**

In the southern region, you will hear the letter "L" replaced with the letter "R" in spoken Spanish. The word "espalda" (back) would be pronounced "esparda." A common Dominican saying, "Anda el diablo" is pronounced "Anda er diablo."

## La Capital

Santo Domingo (the nation's capital or "La Capital") is in the southern region of the country. In "La Capital" you will notice the people there are less inviting, but much more exciting. Tall buildings, endless traffic jams, and salsa music abundantly echoing from cars are common sights and sounds in El Sur. Stores, known as Colmados, line the streets and you can hear Dominican hip-hop, reggaeton, and dembow music.

## *American Slang*

Unlike the Cibao, the Capital is full of American franchises and venues. Some music stations only play Hip Hop and Electro Dance music to satisfy the ever-growing population of youth. Here, the Capitaleños (people from La Capital) speak Spanish with a great deal of slang terms, such as words like "capiar," "joseo," and "fronteo"—all derived from American English slang "to cop," "hustle," and "fronting."

## *Puerto Rican Influence: Speaking with an "L"*

Many Capitaleños also have a slight Puerto Rican accent, mainly due to the popularity of Reggaeton in the urban areas. Words ending in "ar", "er," and "or" are pronounced with the "R" turning into an "L" sound.

For example, instead of saying "chofer" (driver), they would say "chofel" and instead of "manejar" (to drive), you would hear "manejal."

The Spanish spoken by Capitaleños may be more understandable than that of their Cibaeño counterparts, but riddled with Urban American influence you may it still may be difficult to decipher if you're not familiar with the expressions.

# ¿Qué es el español Dominicano?

La República Dominicana es una isla Caribeña con una cultura, historia, y población diversa con distinción. Los Dominicanos son conocidos por hablar rápido y alto. El español que se habla en la República Dominicana es única en la forma de hablar, el vocabulario, y expresiones coloquiales que son usados.

### *La letra ¨D¨ que se desaparece*

Unas de las características del español que se habla en la República Dominicana, y otras islas Caribeñas, es la omisión de la letra ¨D¨ en el lenguaje hablado. Cuando la letra ¨D¨ aparece entre dos vocales, los dominicanos generalmente no lo pronuncian.

Por ejemplo, en vez de decir ¨enamorado¨, ellos dirían ¨enamora'o¨, y en vez de decir ¨cansado¨, ellos dirían ¨cansa'o¨. En general, cualquier palabra terminando en ¨...ado¨ sonara como ¨...a'o¨.

### *Tragándose la ¨S¨*

Otra característica común de la pronunciación del español dominicano, es tragando la letra ¨S¨. Generalmente, la letra ¨S¨ no es pronunciada. Esto es notable al final de las palabras, pero también se aplica a la letra o sonido ¨S¨, al comienzo o por la mitad de algunas palabras.

La palabra ¨pescado,¨ por ejemplo, se pronuncia ¨pe'ca'o¨ (recuerda la letra ¨D¨ que desaparece también). ¨Está¨ generalmente solo se convierte en ¨ta,¨ y ¨tienes¨ es pronunciado ¨tiene.¨ Aparecerá como si la conyugación de verbos ¨tu¨, está mezclado con ¨usted¨, pero son como las palabras son pronunciadas, y no tanto como un error gramatical.

**Cambios en orden de palabras**

Es común escuchar a un dominicano saludarte diciendo ¨¿Cómo tu ´ta?¨ en vez de ¨Como tu estas?¨ El cambio del orden de la palabra talvez sea confusa si aprendiste el español en la escuela, pero es un saludo común.

# Influencia Histórica

A través de los siglos, la lengua Española ha pasado por una evolución caótica de dialectos. En Las Américas, el español rápidamente absorbió las lenguas de los indígenas nativos. La República Dominicana en particular, ha tomado su buena porción de influencias culturales, mucho después de que Cristóbal Colon pisara la isla conocida como La Española.

Existen 3 influencias principales sobre en lenguaje de la República Dominicana: Africano, Europeo (Español, Inglés, y Francés), y los lenguajes indígena.

En 1522, la Isla estaba altamente poblada por esclavos Africanos que hablaban varias lenguas Africanas, así también como la población Taina quienes tenían su propio lenguaje nativa.

Al pasar el tiempo, España comenzaba a perder su agarre en la española, consintiéndose en las conquistas de las civilizaciones Maya e Inca, a través de centro y sur américa. Para 1795, los franceses habían entrado, y tomaron control de Santo Domingo (La Capital actual de la República Dominicana).

Los franceses pronto impusieron su lengua sobre la gente— una vez más alterando la ya mezclado lengua española, que ya habían desenvuelto. Después de varios años de dominio Francés, los esclavos Africanos se revolotearon y formaron la colonia francesa de Haití, la cual gobernaba la Isla entera. Los dominicanos que reusaron la asimilación francesa, mantuvieron el español vivo.

Para 1844, los Dominicanos se levantaron y formaron una revolución contra el dominio Haitiano, con la ayuda de los Británicos y Españoles. Un poco después, los Estados Unidos ocuparon la República Dominicana desde 1916 a 1924, trayendo con si un flujo de soldados, y otra influencia cultural poderosa a la isla.

# Dialectos Regionales Dentro del País

Similar a su gente, la República Dominicana es geográficamente diversa—desde cordilleras montañosas y planicies abiertas, a junglas y sabanas vastas.

La costa norteña se conecta al Océano Atlántico, mientras que el Sur conecta con el mar Caribeño. Los indígenas nombraron la tierra Quisqueya, que significa ¨madre de todas las tierras.¨

Con Haití actualmente ocupando las partes oxidentales de la isla, la República Dominicana está compuesto por tres regiones principales en el norte, sur, y este: El Cibao, El Sur, y El Este.

Cada región tiene sus propias costumbres, acentos, y expresiones.

**La Región Oriental: El Este**

Ahora, si coges hacia El Este, empezaras a ver largos espacios de tierra seca al frente. El Este es bien conocidos por sus tres provincias mayores: La Romana, Higüey, y Punta Cana. Las playas son hermosas, ya que ahora estas en las costas Caribeñas del país, y el turismo es mucho más alto en esta región que en cualquier otra.

En La Romana, y especialmente Punta Cana, encontraras los hoteles y resorts más grandes del país. Muchos dominicanos de todas partes viajan hacia El Este para laborar. Al contrario del resto del país, El Este es más dócil y callado.

Las personas ahí hablan el español bien directo, sin acentos regionales, y pronunciación fuerte. Aquí encontraras la mayoría de Católicos y Evangélicos. Y aunque es un poco intimidante hablar con ellos, sus corazones están en el mejor lugar.

**Región Norteña: El Cibao**

La región más grande es El Cibao, que se estrecha desde el norte, noreste, y partes central del país. Ahí encontraras las cordilleras de montañas, y tierras fértiles más altos y largos. La región del Cibao acontece por casi toda la agricultura, y especies de fauna salvaje, que se puede encontrar en Constanza, Santiago y Puerto Plata (las provincias más prominentes del Cibao)

Los Cibaeños (personas del Cibao) son bien conocidos por su carácter amigable, actitud pacifica, y gramática campesina. Con más frecuencia, hablan rápidamente y con una voz baja, casi forzándote a inclinarte a escuchar la conversación. Los Cibaeños serían mejor descritos como sureños de los Estados Unidos.

**Dialecto Cibaeño**

Muchos describen el dialecto como hablar el español con la boca llena. Pero aunque sea un poco difícil, después que le cojas el piso, hace hablar el español todo lo más colorido y entretenido. La mayoría de los can'tantes del país, usan este dialecto para darle más autenticidad a su música, típicamente en el Merengue y Bachata.

Cambiando la letra ¨R¨ a ¨I¨

Los Cibaeños también son reconocidos por cambiar las

palabras terminando en ¨er¨ con el sonido ¨ei¨.  Por ejemplo, en vez de decir ¨comer¨, ellos dirían ¨comei¨.  Y en vez de decir ¨beber¨, ellos dirían ¨bebei¨.

Cambiando la letra ¨I¨ por la ¨R¨

La letra ¨I¨ también se cambia a una ¨R¨ en medio de palabras.  Por ejemplo, la palabra ¨Aceite¨, es pronunciada ¨Acerte¨.

Cambiando la letra ¨L¨ por una ¨I¨

La letra ¨L¨ también puede ser cambiado a un sonido ¨I¨.  Por ejemplo, la palabra ¨vuelta¨ es pronunciado ¨vueita¨, y la palabra ¨puerta¨ es pronunciado ¨pueita¨ en la región norteña.

**La Región Sureña: El Sur**

Al viajar hacia El Sur, empezaras a notar espacios abiertos, y territorios más urbanos. Aquí no encontraras muchas áreas rurales, porque el demográfico es mayormente urbano.

**Cambiando la letra ¨L¨ a una ¨R¨**

En la región Sureña, escucharas la letra ¨L¨ reemplazado por la letra ¨R¨ en español hablado.  La palabra ¨espalda¨ es pronunciada como ¨esparda.¨ Una frase dominicana común, ¨Anda el diablo¨ es pronunciado ¨Anda er diablo¨.

**La Capital**

Santo Domingo (la capital de la nación) queda en la región

sureño del país.  En ¨La Capital¨ te darás cuenta que las personas son menos servicial, pero más excitante.  Edificaciones altas, tapones de transito sin fin, y la música Salsa sonando de los carros, están entre las vistas y sonidos comunes en El Sur.  Los Colmados se extienden a lo largo de las calles, y podrás escuchar Hip-Hop Dominicano, reggaetón, y música Dembow.

**Términos  Americanos**

Al contrario del Cibao, la Capital está llena de franquicias, y lugares de encuentro Americanos.  Algunas estaciones solo tocan música Electro Dance y Hip-Hop, para satisfacer la población juvenil que crece con rapidez.  Aquí, los Capitaleños hablan un Español con una gran can'tidad de términos; palabras como ¨capiar¨, ¨joseo¨, y ¨fronteo¨ — todas derivadas de los términos Americanos ¨to cop¨ (comprar), ¨Hustle¨ (moverse), y ¨front¨ (una pantalla).

**Influencia Puertorriqueño: Hablando con la ¨L¨**

Muchos Capitaleños también tienen un pequeño acento Puertorriqueño, por vía de la popularidad del género reggaetón en las áreas urbanas.  Palabras que terminan en ¨ar¨, ¨er¨, y ¨or¨ son pronunciados con la ¨R¨ cambiándose a un sonido ¨L¨.

Por ejemplo, en vez de decir ¨chofer¨, ellos dirían ¨chofel¨, y en vez de decir ¨manejar¨, escucharás ¨manejal¨.

El español hablado por los capitaleños puede ser más entendible que sus contrapartes Cibaeños, pero están repletos de influencia Americana y talvez sea más difícil descifrar si no estás familiarizado con las expresiones.

Ahora que tienes una breve idea sobre la historia, geografía, y dialectos regionales de los dominicanos, es tiempo de saltar dentro de las palabras y expresiones de la República Dominicana. Esta es una Guía que te ayudara a mantenerte al día con las conversaciones entre grupos Dominicanos.

en su pasado, no es difícil ver porque la República Dominicana tiene tanta diversidad de personas, y lenguaje único.

# Dominican Spanish Words

(In Alphabetical Order)

## A lo calla'o

(Expresión)
Algo que se hace en secreto, o en silencio.

(Expression)
Something done secretly, or in silence.

*Ejemplos (Examples):*

- Oí de la vecina que Raulo y Nuria se casaron a lo calla'o.
  I heard from the neighbor that Raulo and Nuria eloped.

- Este bonche no está de nada, vamono' a lo calla'o.
  This party kinda sucks, let's just leave unannounced.

- Todo el mundo sabe que los políticos son unos ladrones a lo calla'o.
  Everyone knows that politicians are just thieves, on the down low.

*Informal*

## A nivel

(Expresión)
Algo que está bien, o en su lugar. Puede ser usado para afirmar fuertemente una respuesta.

(Expression)
Something well done, or in its rightful place. Figuratively translates to "on solid footing" and may be used to positively respond to a question.

*Ejemplos (Examples):*

- ¡Manuela está preparando un sancocho a nivel!
  Manuela is making a damn good stew!

- Cuando vuelva quiero ver todo organizado a nivel.
  When I come back I want to see everything organized perfectly.

- A nivel manito.
  Damn straight bro.

*Informal, Compliment*


# A'lante A'lante

(Adjetivo)
Persona con bonanza económica o que vive muy bien. Alante es una deformación de la palabra "adelante."

(Adjective)
Person of well-endowed economic standing, or who lives very comfortably. "A'lante" is an alteration of the word "adelante" (Ahead).

*Ejemplos (Examples):*

- ¡Mira ese carro pai!, ese pana 'ta alante alante.

Bro, look at that car! That dude is loaded.

- ¡Wao Daniel, con esos zapatos te ves a'lante a'lante!
  Damn, Daniel, with those *shoes you look really stylish!*

*Informal*

# Abombarse

(Verbo intransitivo)
Alimentos en mal estado, fruta y agua.

(Intransitive verb)
Rotten or spoiled food, fruit and water.

**Sinónimos** (Synonyms): **Podrido** (Rotten).

*Ejemplos (Examples):*

- Las frutas comienzan a abombarse en la nevera.

  The fruit started to rot in the fridge.

- La carne está abombada.

  The meat is getting rotten.

- La basura va a comenzar a abombarse.
  The trash is starting to rot.

*Informal*

## Aficia'o (M) / Aficia'a (F)

(Adjetivo)
Una persona profundamente enamorada.

(Adjective)
A person that is deeply in love.

Sinónimos (Synonyms): **Enamorado** (In love).

*Ejemplos (Examples):*

- María está aficia'a de su marido.
  Maria is deeply in love with her husband.

- Él está demasiado aficia'o, no le pegara cuernos.
  He is deeply in love, he won't cheat on her.

*Informal*

## Agayú (M) / Agayúa (F)

(Adjetivo)
Se dice de la persona tacaña.

(Adjective)
Used to refer to someone who doesn't share.

Sinónimos (Synonyms): **Tacaño** (Stingy).

*Ejemplos (Examples):*

- Carlos es un agayu, no te brinda ni agua en su casa.
  Carlos is so stingy, he doesn't offer water in his house.

- No sea tan agayu, comparte eso.
  Don't be stingy, share that with me.

*Informal, Offensive*

# Agolpiá

(Sustantivo-Femenino)
Palabra dominicana para referirse a muchos golpes físicos.

(Noun - Feminine)
Dominican word that refers to a lot of physical punches or blows.

Sinónimos (Synonyms): **Paliza** (Beating)

*Ejemplos (Examples):*

- Si le pones la mano te voy a dar una agolpiá.
  If you touch that I'm going to beat you.

- Le dieron una agolpiá que casi lo matan.
  They gave him a beating that almost killed him.

- Soñé que me dieron una agolpiá.
  I had a dream that someone beat me up.

*Informal*

## Agua'o (M) / Agua'a (F)

(Adjetivo)
Forma dominicana de decir aguado, se refiere a una persona aburrida, alguien que cancela planes.

(Adjective)
It's the Dominican way of saying "watery" but it's used to refer to someone boring or that cancels plans.

**Sinónimos** (Synonyms): **Aburrido** (Boring, Flaky)

*Ejemplos (Examples):*

- Ese pana es un agua'o!
  That guy is boring!

- Canceló de nuevo esa agua'a.
  That flake cancelled again.

- El jugo está agua'o.
  The juice is too watery.

*Informal, Pejorative*


## Ajuntar

(Verbo)
Agrupar algo, reunir, conglomerar.

(Verb)
Grouping things together, gather, conglomerate

**Sinónimos** (Synonyms): **Agrupar, reunir, conglomerar** (Group, Gather, Conglomerate)

*Ejemplos (Examples):*

- ¿Cuándo nos vamos a ajuntar ?
  When are going to get together?

- Ajunta la ropa que va a llover.
  Gather the clothes, it's going to rain.

- Hay que ajuntar por colores.
  We have to group by color.

*Informal*

## Allantoso (M) / Allantosa (F)

(Adjetivo)
Una persona que habla mucho y hace poco.

(Adjective)
A person who talks a lot and does little.

**Sinónimos** (Synonyms): **Fanfarrón** (Show off)

*Ejemplos (Examples):*

- Esos políticos son unos allantosos.
  These politicians are all talk and no action.

- Ese allantoso, me dijo que venía al trabajo y no vino.
  He is so full of crap, he said he was coming to work and

he never came.

*Informal, Offensive*

# Amarga'o (M) / Amargá'a (F)

(Adjetivo)
Persona sufriendo un recuerdo amargo o la falta de una persona querida.

(Adjective)
Person suffering a bad memory or the loss of a loved one.

**Sinónimos** (Synonyms): **Amargado, Deprimido, Melancólico** (Melancholy, Depressed).

*Ejemplos (Examples):*

- Juan se amarga con esa bachata, le acuerda a su ex.
  Juan gets melancholy when he hears that bachata song, it reminds him of his ex.

- No 'toy amargao.
  I am not depressed.

- No te amargues todo saldrá bien.
  Don't get upset everything will turn out ok.

*Informal, Offensive*

# Anda el diablo

(Expresión)

Frase que denota frustración, preocupación, o asombro.

(Expression)
Translates literally to "the devil walks." This phrase is used commonly to show frustration, worry, or awe.

*Ejemplos (Examples):*

- Anda el diablo, ahora no tenemos gasolina.
  For the love of God, now we're out of gas.

- ¿¡Anda el diablo, tu viste ese home run!?
  Holy crap, did you see that home run!?

*Informal*

## Añoñar; Añoña'o (M)/ Añoñá (F)

(Verbo o Adjetivo)
Consentir a alguien. Complacerle todas tus peticiones y deseos.

*(Verb or Adjective)*
Giving in to someone. Pleasing all your requests and wishes.

Sinónimos *(Synonyms):* **Consentir** *(Spoil)*

*Ejemplos (Examples):*

- Ven a añoñarme que estoy enfermo.
  Come and take care of me because I'm sick.

- A ese carajito le tienen demasiado añoña'o.
  They spoil that kid too much.

*Informal*

# Apagón

(Sustantivo—Masculino)
Cuando te cortan la energía eléctrica, o simplemente se va la luz en el vecindario.

(Noun - Masculine)
When you get your electricity cut off from lack of payment, or when electricity goes out in the neighborhood

**Sinónimos** (Synonyms): **Sin luz** (Blackout).

*Ejemplos* (Examples):

- Coño, me cortan la luz otra vez pero eso no es na' yo le doy 1.000 peso' a José pa' que me la enganche otra vez.
  Fuck, light got cut again but that is nothing; I'll give 1,000 pesos to Jose so he can hook me up again.

- Esos azarózo' de la CDE, esta es a tercera vez en el día de los apagones.
  Those idiots from the light corporation (CDE), this is the 3rd blackout today.

*Informal*

# Apearse

(Verbo)

Bajarse de algún lugar.

(Verb)
Getting down from somewhere.

Sinónimos (Synonyms): **Bajarse** (To get down).

*Ejemplos (Examples):*

- Dile a ese carajito que se apeé de esa mata.
  Tell that kid to get down from that tree.

- ¡Apéate de ahí ahora mismo!
  Get down from there right now!

- Me caí del carro cuando me apeé.
  I felt from the car when I got out.

*Informal*

# Apechurrao

(Adverbio)
Grupo de personas o cosas muy apretados que casi no caben en un lugar.

(Adverb)
Group of people or things very tight that hardly fit in one place.

Sinónimos *(Synonyms)*: **Apretado, Apeñucao** *(Tight, Packed)*

*Ejemplos (Examples):*

- Ahí van los ocho en ese carrito apachurrao como sardinas.
  Look those 8 people are packed in that little car like sardines.

- No me gusta andar apechurrao en guagua.
  I don't like to be stuffed on the public bus.

- No me apechurre las frutas.
  Don't pack the fruit too tight.

*Informal*

# Apero (M) / Apera (F)

(Adjective)
Expresión que quiere decir que algo se ve bien.

(Adjective)
Expression that means that something looks good.

**Sinónimos** *(Synonyms)*: **Genial** (Cool)

*Ejemplos (Examples):*

- ¡Loco que apero!
  Dude that's so cool

- La película "El escuadrón suicida" fue demasiado apera.
  The movie "Suicide Squad" was so cool.

- Que apero está el nuevo centro comercial.
  The new shopping mall is so nice.

*Slang*

# Apota

(Expresión)
Una contracción de la frase "a propósito"

(Expression)
A contraction for the phrase "on purpose"

**Sinónimos** (Synonyms): **Intencionalmente** (Intentionally)

*Ejemplos (Examples):*

- Te juro que no lo hice apota.
  I swear it was not on purpose.

- A veces yo pienso que tú lo haces apota.
  Sometimes I think you do it intentionally.

- Quedó tan bien que pareció apota.
  It ended up so well it seems intentional.

*Informal*

# Arracar

(Verbo)
Rascar

(Verb)

To scratch

*Ejemplos (Examples):*

- No alcanzo para arracarme la espalda.
  I can't reach to scratch my back!

- No te puedes arracar aunque te pique.
  You can't scratch even if it itches.

- Con este yeso no me puedo arracar.
  I can't scratch with this cast on.

*Informal*


# Arregoso

(Adverbio)
Se refiere a algo con riesgo, algo que puede suceder.

(Adverb)
Refers to something risky, something that has a chance of happening.

*Sinónimos* (Synonyms): **Riesgoso** (Risky, Might)

*Ejemplos (Examples):*

- ¡Se fue a nadar arregoso se ahoga!
  She went swimming, she might drown!

- No camina sobre el piso mojado, arregoso te caes.
  Don't walk on the wet floor, you might fall.

*Dominican Spanish 101*

- Yo no salgo cuando llueve, arregoso me enfermo.
  I don't go out when it rains, I might get sick.

*Informal*

# Arrima'o

(Sustantivo - Masculino, Adjetivo)
El familiar o conocido que pone cualquier excusa para quedarse a vivir en tu casa, viviendo de lo tuyo.

(Noun - Masculine, Adjective)
The relative or acquaintance that puts any excuse to stay living at your house, living off of you.

Sinónimos (Synonyms): **Pegado** (Freeloader).

*Ejemplos (Examples):*

- Luis vive arrima'o donde su primo.
  Luis is living in his cousin's house as a freeloader.

- Tú eres un arrima'o, en esta casa no aportas nada.
  You're a freeloader; you don't contribute anything to this house.

*Informal, Slang*

# Asopao

(Sustantivo – Masculino)
Plato que, una vez preparado, es básicamente una sopa gruesa

de arroz, generalmente preparada con carne de pollo o res.

(Noun – Masculine)
Dish that once prepared, is essentially a thick rice soup, generally prepared alongside some chicken or beef.

*Ejemplos (Examples)*

- A mi no me gusta mucho el asopao, es muy grasoso.
  I don't really like asopado very much, it's too greasy.

- El asopao es una de las sopas dominicanas más nutricionales.
  Asopao is one of the most nutritious Dominican soups.

*Dishes*

# Ayantoso (M) / Ayantosa (F)

(Sustantivo)
Del verbo inventado "ayantar," es una persona que miente con fines de lucir bien, utilizando no solo palabras sino actitudes y promesas.

(Noun)
From the made up verb "ayantar" it's person that lies to impress, using not only words but also attitude and promises.

Sinónimos (Synonyms): Embustero (Liar, Bluffer)

*Ejemplos (Examples):*

- No me vengas con tu ayante, no te creo.

Stop the bluff I don't believe you.

- Ahí estás tu de ayantoso, tratando de impresionar.
  There goes the bluffer, trying to impress.

- Deja de ayantar y dame el dinero.
  Stop bluffing and give me the money.

*Informal, Pejorative*

## Baboso (M) / Babosa (F)

(Adjetivo)
Persona que habla muchos disparates y/o mentiras.

(Adjective)
Person talking a lot of nonsense and/or lies.

*Sinónimos (Synonyms): Mentiroso (Liar).*

*Ejemplos (Examples):*

- Que baboso tú eres yo no dije eso.
  You are such a liar, I did not say that.

- Los más babosos siempre son los primeros en hablar.
  The biggest liars are always the first to speak.

- Yo no quiero sentarme a hablar con ese baboso.
  I don't want to sit and talk to that liar.

*Informal, Offensive*

DominicanSpanish101.com

## Bacano (M) / Bacana (F)

(Adjetivo)
Algo muy bueno, excelente, entretenido, alegre, divertido, asombroso, más que bueno.

(Adjective)
Something very good, excellent, entertaining, cheerful, funny, amazing, more than good.

Sinónimos (Synonyms): Entretenido, Bueno. (Cool, Good)

*Ejemplos (Examples):*

- Esa película es muy bacana.
  That film is very cool.

- Ese juego es bacano.
  That game is cool.

- El otro día escuché una canción bien bacana.
  The other day I heard a good song.

*Informal, Slang, Com-pliment*

## Bacano (M) / Bacana (F)

(Sustantivo)
Individuo al que todo le sale bien.
Algo que es interesante.

(Noun)
Guy for whom everything works out.

Something interesting.

Sinónimos (Synonyms): Apero, Chulo (Nice, Cool)

*Ejemplos (Examples):*

- Que bacano es Juan.
  John is so cool.

- Loco, ¿viste la serie anoche? ¡Que bacana!
  Dude, did you see the series last night? How cool!

*Informal, Com-pliment*

# Bachata

(Sustantivo – Femenino)
Género musical tradicional dominicano. la bachata es un género lento y romántico, aunque también puede ser rápido y animado con tonos altos de guitarra y teclado, que tiene raízes en el bolero y luego se volvió su propio género a finales de los 60, que cubre temas más melancólicos. Los instrumentos que se utilizan son: La guitarra eléctrica, el teclado, bajo eléctrico y tambores.

(Noun – Feminine)
Traditional Dominican music genre. Bachata is a much slower and romantic genre when compared to other traditional Dominican ones though it can also become very upbeat and high-pitched in its tones; it stemmed from bolero but became its own genre in the late 60s, which covers the more melancholic themes of life. The instruments used are: The electric guitar, keyboard, electric bass and hand drums.

*Ejemplos (Examples):*

- ¡Colmadero súbeme esa bachata que estoy amargada!
  Storeclerk, put up the volume for that bachata, 'cause I'm bitter!

- Frank Reyes es un grande de la bachata Dominicana.
  Frank Reyes is a big name in Dominican bachata.

*Cultural*

# Bájale algo

(Expresión)
Se utiliza cuando algo se considera exesivo y debe ser reducido.

(Expression)
Expression used when something is considered to be excessive or too much; literally translates to "lower it some".

*Ejemplos (Examples):*

- ¿Federico, y to' ese jugo de chinola? ¡Bájale algo!
  Federico, what's with all that passionfruit juice? Put some away!

- Bájale algo a tu fogaraté que me tienes jarto.
  Put a lid on your excitement, I'm getting fed up.

*Informal*

## Baltrí

(Sustantivo - Masculino, Adjetivo)
Cuerda, pique, rencor;
Lo mismo siempre;
Mala experiencia, proviene de la expresión en inglés "bad trip"

(Noun - Masculine, Adjective)
Being upset, resentment;
Same as always;
Bad experience, comes from the English expression "bad trip"

Sinónimos (Synonyms): Pique, mala experiencia (Being upset, bad experience).

*Ejemplos (Examples):*

- Es un baltrí tener que trabajar con este calor
  It's so bad to work with this heat.

- Me hicieron pasar un baltri en el banco
  They caused me a bad experience at the bank

*Informal*


## Bembe

(Sustantivo-Masculino)
Se refiere a una boca con labios muy prominentes.

(Noun - Masculine)
Refers to a mouth with prominent lips.

*Ejemplos (Examples):*

- ¿Te vas a pintar el bembe rojo?
  Are you going to paint your lips red?
- Me cai y me partí el bembe.
  I fell and cut my lip.
- La vas a reconocer por el bembe.
  You'll recognize her by the big mouth.

*Informal, Pejorative*


# Boca de suape / Boca de trapo

(Adjetivo)
Vease: Baboso.
Alguien de boca suelta, que chismea mucho.

(Adjective)
See: Baboso.
Literally, it means "mop mouth," though it describes someone with a big mouth, who gossips a lot.

*Ejemplos (Examples):*

- ¡Diantre! Manuel si es boca de suape, tanta baba que habla.
  Jesus! Manuel is such a big mouth, he can't keep a secret.
- A ese carajito hay que apodarle boca de suape.
  We gotta nickname that Little boy "Bigmouth".

*Informal*

# Boche

(Masculino-Sustantivo)
Llamarle la atención o regañar a alguien.

(Noun - Masculine)
To call attention to something.

Sinónimos (Synonyms): Regaño (Scolding).

*Ejemplos (Examples):*

- **Mi mama me hecho un boche.**
  My mom scolded me.

- **Estoy cansada de aguantar boche del jefe.**
  I'm tired of being called out by the boss.

- **Esa profesora vive echando boches.**
  That teacher is always calling people out.

*Informal*

# Bochinche

(Sustantivo-Masculino)
Una situación agitada, un chisme, murmullos molestos, instigación

(Noun - Masculine)
An agitated situation, gossip, annoying murmur, instigating.

*Ejemplos (Examples):*

- ¡Me dejan el bochinche ahí!
  Stop the murmur there!

- Hay un bochinche en la esquina.
  Something is happening in the corner.

- Eso es un bonchinche, no es verdad.
  That's just gossip, it is not true.

*Informal, Slang*

# Bola

(Sustantivo - Femenino)
Un aventón o ayuda para llegar a algún sitio.

(Noun - Feminine)
A ride or help to get somewhere.

Sinónimos (Synonyms) : Aventón (Ride)

*Ejemplos (Examples) :*

- ¿Me puedes dar una bola ?
  Could you give me a ride?

- Luis me dio una bola.
  Luis gave me a ride.

- ¿Te puedo pedir bola?
  Can I ask for a ride?

*Informal, Slang*

# Bonche

(Sustantivo-Masculino)
Palabra que se refiere a una fiesta muy animada, también la utiliza la juventud actual para referirse específicamente a las fiestas de música electronica.

(Noun - Masculine)
Word used to refer to a very animated party, also used by Dominican youth to talk specifically about an electronic music party or "rave."

Sinónimos (Synonyms): Fiesta, Celebración (Party, Celebration)

*Ejemplos (Examples):*

- El bonche de anoche si estaba bueno.
  That party last night was awesome.

- ¿Vas para el bonche de este fin de semana?
  Are you going to the rave this weekend?

- ¿A donde es el bonche?
  Where's the party?

*Informal*

## Brechador (M) / Brechadora (F)

(Adjetivo)
Se le llama a la persona que espía a otras o está pendiente de sus asuntos.

(Adjective)
A person that spies or is in other people's business.

Sinónimos (Synonyms): Metiche (Spy).

*Ejemplos (Examples):*

- La vecina esta todos los días de brechadora desde su balcón.
  The neighbor is always spying from her balcony.

- ¡Juan es un brechdor!
  John is on top of other peoples business.

*Informal*


## Bufear

(Verbo)
La acción de hacer un chiste o burlarse de alguien.

(Verb)
The action of making a joke or mocking someone.

Sinónimos (Synonyms): Burla (To Mock).

- Nicole esta bufeando al profesor.
  Nicole is making fun of the teacher.

- Me bufie a mi hermanita con el cuento del monstruo bajo la cama.
  I mocked my sister with the monster under the bed story.

- Con mi mama no se puede bufear.
  You can't joke with my mother.

*Informal*

## Calentarse / Estar caliente

(Verbo reflexivo)
Palabra o frase que indica que una persona está en problemas luego de haber cometido un error.

(Reflexive verb)
Translates to "getting hot or heating up" and it refers to getting in trouble after making a mistake in the eyes of others.

*Ejemplos (Examples):*

- Te vas a calentar con tu mujer.
  You're going to get in trouble with your wife.

- 'ta caliente tu después de la fiesta esa.
  You're in trouble since that party.

- Se calentó con el jefe.
  He's in trouble with the boss.

*Slang, Informal*

# Calié

(Sustantivo-Unisex)
Termino que proviene de los 30 años de la dictadura trujillista y se refiere a personas infiltradas en un espacio para traicionar o delatar a la oposición.

(Noun - Unisex)
Term coming from the 30-year-long dictatorship of General Rafael Trujillo, it refers to the people charged with infiltrating an area to betray or snitch on the opposition

Sinónimos (Synonyms): Soplón (Snitch)

*Ejemplos (Examples):*

- **Callénse que por ahí viene un calié.**
  Shut up here comes the snitch.

- **Yo creo que la profesora tiene un calié en la clase.**
  I think the teacher has a snitch in the class.

- **Seguro se enteró por un calié.**
  He probably found out from a snitch.

*Informal, Historical*

# Can'taleta

(Femenino – Sustantivo)
Regaño o sermón de alguna acción realizada

(Noun - Feminine)
Scolding over an action taken

Sinónimos (Synonyms) : Boche (Reprimand, Scold).

*Ejemplos (Examples):*

- Me dio una can'taleta por una hora casi.
  He scolded me for almost an hour.

- Estoy cansada de la misma can'taleta todos los días.
  I'm tired of the same scold every day.

- Si no dejas la can'taleta me voy.
  If you don't stop scolding, I'll leave.

*Informal*

# Carabelita

(Adjetivo-Unisex)
Palabra que se refiere a la pobre calidad de un producto o a la falsificación del mismo.

(Adjective - Unisex)
Word that refers to things of poor quality or to an illegal reproduction of an item.

Sinónimos (Synonyms) : Falsificación, Plagio (Knockoff, Bootleg, Plagiarism)

*Ejemplos (Examples):*

- Se notaba de lejos que el reloj era carabelita.
  You could tell from afar that the watch was a knockoff.

- Yo no compro cosas carabelita.
  I don't buy cheap stuff.

- Ese vestido se ve carabelita.
  That dress looks cheap.

*Slang, Informal*

# Carajito (M) / Carajita (F)

(Sustantivo)
Termino derivativo de carajo utilizado para referirse a niños con mucha energía o notable falta de madurez a cierta edad

(Noun)
Term derived from "carajo" which refers to kids with plentiful energy or a notable lack of maturity even for their age.

Sinonimos (synonyms): Muchachito (Little boy)

*Ejemplos (Examples):*

- ¡Ese carajito embroma demasiado, por dios!
  For God's sake, that little kid fools around a bit too much!

- Yo no me junto con carajitos.
  I don't hang out with little boys.

*Informal*

## Casimente

(Adverbio)
Se refiere a algo que está aún no sucede, pero está cerca.

(Adverb)
Refers to something that's close to happening.

Sinónimos (Synonyms): Casi (Almost)

*Ejemplos (Examples):*

- Casimente tienen un accidente!
  They almost got in an accident!

- Casimente empieza el concierto.
  The concert is almost starting.

- Casimente termino.
  I'm almost done.

Informal, General conversation

## Ché

(Expresión)
Expresión de asco o de haber percibido un mal olor.

(Expression)
Expression of disgust to a smell or something unpleasant.

Sinónimos (Synonyms): Fó ! (Eww !, ugh… !)

*Ejemplos (Examples):*

- ¡Ché ! ¡Hay que sacar la basura!
  Wow ! We need to take out the trash!

- ¡Ché! Cambiale el pañal.
  Gross! Change his diaper!

- ¡Ché! ¡Se tiraron un peo !
  Eww! Someone farted!

*Informal, Exclamation*

# Chepa

(Femenino – Sustantivo)
Palabra utilizada para indicar casualidad, suerte, algo inusual.

(Noun - Feminine)
Used to indicate chance, luck, or something unusual.

Sinónimos (Synonyms): **Suerte** (Luck)

*Ejemplos (Examples):*

- Que chepa, pase el examen.
  I'm lucky, I passed the test.

- Luis tuvo una chepa con esa jeva.
  Luis got lucky with that girl.

- Conseguí trabajo, que chepa.
  I got a job, what luck.

*Informal*

# Chercha

(Femenino – Sustantivo)
Traducción dominicana del Inglés "church"o iglesia. Ya que en las iglesias de afroamericanos durante la intervención norteamericana se solía can'tar y bailar, el dominicano lo adopto como sinónimo de fiesta, alegría entre pocas personas.

(Noun - Feminine)
Dominican translation of the English "church." Since Black American churches during the American intervention were used to singing and dancing, the Dominicans adopted it as synonymous with celebration in a small group.

Sinónimos (Synonyms): Coro (Get together).

*Ejemplos (Examples):*

- Vamo a hacer chercha este fin de semana.
  Let's hang out this weekend.

- Carlos me invito a su casa que hay una charcha con los muchachos.
  Carlos invited me to his house his having a get together with the guys.

*Informal*

## Chicharrón

(Sustantivo – Masculino)
Cuero de cerdo sazonado y frito, suele comerse acompañado de tostones y ensalada.

(Noun – Masculine)
Seazoned and fried, thick pig skin bits often eaten accompanied by tostones and salad.

*Examples (Examples):*

- No comas el chicharrón de la señora del colmadon, te va a enfermar.
  Don't eat the chicharrón from that lady by the corner store, you'll get sick

- Solo alguien con buen gusto puede sazonar chicharrón bien.
  Only someone with good taste can season chicharron correctly.

*Dishes*

## Chichí

(Masculino – Sustantivo)
Niño recién nacido.

(Noun - Masculine)

Newborn baby.

Sinónimos *(Synonyms)*: Bebe *(Baby)*

*Ejemplos (Examples):*

- ¡Mira que chichi ni más lindo!
  Look, what a cute baby!

- Stephanie acaba de tener un chichi.
  Stephanie just had a baby.

- Mi chichi ya tiene 3 meses.
  My baby is already 3 months old!

*Informal*

# Chichigua

(Sustantivo - Femenino)
Se dice de una cometa o de una persona que va con mucha prisa.

(Noun - Feminine)
It is the Dominican word for "kite" and it's also used to refer to a person that is in a hurry.

Sinónimos (Synonyms): Cometa (Kite)

*Ejemplos (Examples):*

- La vi que salió por ahí como una chichigua.
  I saw her leaving in a hurry.

- La semana santa es la temporada de chichiguas.
  Easter break is kite season.

- ¿Sabes hacer tu propia chichigua ?
  Do you know how to make your own kite?

*Informal*

# Chichón

(Sustantivo-Masculino)
Hematioma o inflamación normalmente formada en la cabeza luego de un golpe violento

(Noun - Masculino)
Inflamation of the head after a violent blow. It could be loosely translated to "goose egg."

*Ejemplos (Examples):*

- Si te caes te vas a hacer un chichón.
  If you fall you're going to end up with a goose egg.

- Ese es el chichón más grande que he visto.
  That's the biggest Goose egg I've seen.

- Ese chichón se ve peligroso.
  That goose egg looks dangerous.

*Informal*

# Chiripa

(Sustantivo - Femenino)
Algo insuficiente o pequeño. Un trabajo informal y a corto plazo. Algo extra.

(Noun - Feminine)
Something insufficient or small. A short-term informal job. Something extra.

Sinónimos *(Synonyms)*: Poco, Picoteo (Little, Gig)

*Ejemplos (Examples):*

- Conseguí una chiripa para el fin de semana.
  Got a gig for this weekend.
- No seas tacaño, dame esa chiripita.
  Don't be cheap, give me that little extra.
- Yo no quiero chiripas.
  I don't want so little.

*Slang, informal*

# Chivo

(Masculino – sustantivo)
"Un chivo" es un fraude o trampa; "Estar chivo" es estar sospechoso de algo.
Imperfección: cuando algo queda sin concluir.

(Noun - Masculine)

"Un chivo" is a fraud or cheating; "Being chivo" is to be suspicious of something.
Imperfection: when something is unfinished.

Sinónimos (Synonyms): Trampa, Fraude, Atento (Cheating, Fraud, Being Aware)

*Ejemplos (Examples):*

- Bueno... hay que andar chivo por esa calle, por que atracan.
  Well ... you have to be aware when you walk through that street, people rob there.
- Ay dios mío La profesora le encontró un chivo a Juan.
  Oh my god... The teacher found notes for the test on John.

*Informal, Slang*

# Chuliar

(Verbo)
Besar apasionadamente (o con la lengua).

(Verb)
Kissing with passion (or using tongue).

Sinónimos (Synonyms): Besar (Kiss).

*Ejemplos (Examples):*

- Me voy a chuliar a Karla orita.
  I'm going to kiss Karla later.

- Pedro si sabe chuliar rico.
  Pedro is a good kisser.

- ¿Te vas a chuliar con esa jeva, tu estas seguro?
  Are you going to kiss that girl, are you sure?

*Informal*

## Cicote

(Sustantivo-Masculino)

Mal olor en los pies.

(Noun - Masculine)
Bad odor on the feet.

*Ejemplos (Examples):*

- Saca esos zapatos de aquí, tienen cicote.
  Get those shoes out of here, they smell.

- Ponte los zapatos, tienes cicote.
  Put your shoes back on, your feet smell.

- Nada más terrible que el cicote de un adolescente.
  There is nothing more terrible than the smell from a teenager's feet.

*Informal, Slang*

## Cocolo

(Sustantivo - Masculino)
Originalmentese refiere a la población de origen inglesa que creó una comunidad en la provincia de Samaná. En la actualidad se refiere a hombres que han adoptado la cultura del hip-hop o rap.

(Noun – Masculine)
Originally it was used to refer to a Dominican born British population that was part of a community in the town of Samaná. It is now used to refer to men that have adopted hip-hop culture.

*Ejemplos (Examples):*

- Ahí estás tu escuchando música de cocolo.
  There you go listening to gang music.

- Los pantalones por las nalgas son de cocolo.
  Pants that hang from the butt are for gangsters.

- A mi me gustan los cocolos.
  I like thugs.

*Informal, Pejorative*


## Cocotazo

(Masculino – Sustantivo)
Golpe seco que se da en la cabeza.

(Noun - Masculine)
Dry blow given to the head.

Sinónimos (Synonyms): Golpe (Stroke).

Ejemplos *(Examples):*

- Le dieron un cocotazo a ese carajito por necio.
  He got a stroke on the head for being foolish.

- La vecina vive dándole cocotazo al hijo.
  The neighbor is always stroking her son's head.

*Informal*

# Colmadón

(Sustantivo-Masculino)
Mercado de dimensiones pequeñas en las que se encuentras artículos de primera necesidad, venden estos artículos al detalle y también es un centro de bebida y entretenimiento. Se puede encontrar uno en cualquier esquina.

(Noun - Masculine)
Mini market in which you can find first need articles and get them retailed. It is at the same time an entertainment center in which you can purchase (or on the spot drinking) alcoholic beverages.

Ejemplos *(Examples):*

- Ve al colmadón y trae una libra de queso.
  Go to the store and get me a pound of cheese.

- Que bulla hay en el colmadón hoy.
  There's a lot of noise coming from the store today.

- Nos vemos en el colmadón hoy para un par de cervezas.
  Meet you at the corner store today for a couple of beers.

*Informal*

# Concho

(Masculino – Sustantivo)
Carro, generalmente en muy mal estado. Vehículo de transporte urbano.

(Noun - Masculine)
Urban transport vehicle usually in very bad condition.

Sinónimos (Synonyms): Carrito público (Public car)

*Ejemplos (Examples):*

- Tú tienes que coger un concho derecho en la Av. Churchill.
  You have to take a public car that goes straight on Churchill Ave.

- ¿Cuánto hay que pagar de pasaje para el carrito?
  How much do you have to pay the public car for the ride?

- Yo cojo un carrito en la Bolívar para llegar al trabajo.

I take a public car in the Bolivar to go to work.

*Informal*

# Cónchole / Cónchale

(Expresión)
Expresión que puede denotar sorpresa pasivamente.

(Expression)
Expression that can denote surprise passively.

Sinónimos (Synonyms): Caramba, Carai (Damn).

*Ejemplos (Examples):*

- Cónchale, no me digas que murió tu tío
  Damn, don't tell me your uncle died.

- !Cónchole no me molestes!
  Dammit, do not bother me!

*Informal, Cursing, Slightly childish*

# Concón

(Masculino-sustantivo)
Arroz duro que queda al fondo del caldero al cocinarse.

(Noun - Masculine)
Hard rice at the bottom of the pot when cooked. (The word is the onomatpoeia of the sound an iron cooking spoon makes

while scraping the bottom of the pot).

Sinónimos (Synonyms): Rapao (Scraped).

*Ejemplos (Examples):*

- Dame un chin de concón y habichuela.
  Give me some Concón and beans.
- Raspa el concón que tengo hambre.
  Scrap the Concón, im hungry.
- ¿Me puede poner concon con la comida, por favor?
  Can you get me some Concón on my food, please?

*Informal*


# Coro

(Sustantivo – Masculino)
Grupo de amigos juntos pasando un buen rato o grupo de amigos muy unidos, una celebración entre amigos o fiesta íntima.

(Noun - Masculine)
Close group of friends, group of friends having a good time together, party amongst friends, intimate celebration.

Sinónimos (Synonyms): Pandilla, Reunión (Gang, Gathering)

*Ejemplos (Examples):*

- ¿Dónde es el coro hoy?
  Where's the gathering today?

- Llama al coro a ver que hay de Nuevo.
  Call the gang and see what's new.

- Vamos a hacer un coro para mi cumpleaños.
  Let's gather for my birthday.

*Informal*


## Cotorra

(Sustantivo - Femenino)
Argumento utilizado para convencer a una persona o para enamorar una chica.

(Noun - Feminine)
Argument used to convince someone or to hit on a girl.

Sinónimos (**Synonyms**): Convencer (**Convince**).

*Ejemplos (Examples):*

- No me dé cotorra, yo sé que es tu culpa.
  Don't try to convince me, I know it's your fault.

- Mira a Pedro dándole cotorra a esa gringa.
  Look at Pedro hitting on that white girl.

- Ese tipo no sabe dar cotorra.
  That guy doesn't know how to convince/ doesn't know how to get a girl.

*Informal*

## Cuarto

(Sustantivo-Masculino)
Palabra utilizada para referirse al dinero.
Habitación de la casa utilizada para dormir.

(Noun - Masculine)
Word used to refer to money.
Room in the house destined to sleep.

Sinónimos (Synonyms): Dinero, habitación (Money, Room)

*Ejemplos (Examples):*

- Mejor será que me pagues mis cuartos.
  You better pay me my money back.

- Carlos está en el cuarto.
  Carlos is in the room.

- ¿Cuánto cuarto te debe Pedro?
  How much money does Pedro owe you?

*Informal*

## Curtío (M) / Curtía (F)

(Adjetivo)
De color desgastado.

(Adjective)
Used to describe something that has lost its color.

Sinónimos (Synonyms): Opaco (Discolored)

Ejemplos (Examples):

- No te pongas esa camisa que esta curtía.
  Don't wear that t-shirt it's discolored

- Me tengo que comprar otra gorra esta curtía
  I have to buy another hat this one is discolored.

*Informal*

# Cute

(Sustantivo - Masculino)
Palabra utilizada para referirse al esmalte de uñas.

(Noun - Masculine)
Word to refer to nail polish.

Sinónimos (Synonyms): **Esmalte** (Nail Polish)

Ejemplos (Examples):

- ¿Qué cuté quieres?
  Which nail polish do you want?

- ¿De qué color compraste el cuté?
  What color is the nail polish you bought?

*Informal*

# Demagogia/ Dema

(Sustantivo-adjetivo - Femenino)
Palabra usada (incorrectamente). "Tener dema" significa tener envidia de alguien. Demagogo es usado como adjetivo

(Noun-adjective - Feminine)
"Having dema "means being envious of someone. "Demagogo" is the adjective.

Sinónimos *(Synonyms):* Envidioso *(Envious)*

*Ejemplos (Examples):*

- El me tiene dema.
  He is jealous of me.

- Ese tipo es un demagogo.
  That guy is an envious person

*Informal, Slang, Offensive*


# Dembow

(Sustantivo – Masculino)
Género urbano dominicano, cuya música se enfoca en el sonido distorcionado y rítmico del bajo y la percusión, los instrumentos varían mucho porque la música es creada de manera electrónica.

(Noun – Masculine)
Urban Dominican music genre, whose music focuses in loud and distorted bass and drum rhythms, the instruments used

vary a lot as the tracks ar created via software.

*Ejemplos (Examples):*

- Esta vaga nadamás se la quiere estar pasando en la calle de noche bailando dembow.
  This good-for-nothing girl only wants to spend her time in the streets at night dancing dembow.

- El dembow es lo único que se oye en la calle hoy en día.
  Dembow is the only thing you hear on the streets nowadays

*Cultural*

# Detutane

(Sustantivo-Masculino)
Apariencia desgarbada y desaliñada.

(Noun - Masculine)
Looking unkempt and ungroomed.

Sinónimos (Synonyms): Desaliñe (disheveled)

*Ejemplos (Examples):*

- ¡Después de la fiesta tengo un detutane!
  After the party I feel like crap!

- ¿Y ese detutane que tu trae ?
  Why are you looking so disheveled?

- No dormir me tiene con un detutane.

Not sleeping has me disheveled.

*Informal*

# Dique

(Expresión)
Expresión popular dominicana que también puede ser pronunciada "dizque" y que se utiliza para hablar de algo que no está confirmado, como un chisme.

(Expression)
Popular Dominican expression that is also pronounced "dizque", it is used to talk about something that is not confirmed, like gossip.

Sinónimos (Synonyms): Supuestamente (Supposedly)

*Ejemplos (Examples):*

- Dique van a aumentar los sueldos.
  Supposedly they're going to raise the wages.

- Dique la vecina se va a mudar.
  I heard the neighbor is moving.

- Yo no sé pero dique vamos a salir esta noche.
  I don't know, but we're supposedly going out tonight.

*Informal*

# Embullar

(Verbo)
Entretener o distraer a alguien.

(Verb)
Enterntain or distract someone.

Sinónimos (Synonyms) : Entretener, Distraer (Enterntain, distract)

*Ejemplos (Examples):*

- **Esos juguetes lo van a embullar.**
  Those toys will distract him.

- **Sal de la casa para que te embulles.**
  Get out of the house to distract yourself.

- **Están agitados, ¿cómo los vas a embullar?**
  They're agitated, how are you going to distract them?

*Informal*


# Emburujar

(Verbo)
Complicar algo, pelear.

(Verb)
Complicating something, fighting

Sinónimos (Synonyms): Pelear (Fighting).

*Ejemplos (Examples):*

- Si siguen así se van a emburujar esos dos.
  If those two keep at it they're going to end up fighting.

- Me voy a emburujar con la tarea ahora.
  I'm going to battle my homework now.

- Ya vienes tu a emburujar la ropa.
  Here you come to mess with the clothes.

*Informal*


# Emprestar

(Verbo)
Acción de prestar algo.

(Verb)
Action of lending something.

Sinónimos (Synonyms): Prestar (Lend).

*Ejemplos (Examples):*

- Emprestame tu computadora hasta el viernes.
  Lend me your computer until Friday

- Carlos, emprestale tus colores a tu hermano.
  Carlos, lend your brother the colors.

*Informal, altered word*

## Encaramarse

(Verbo)
Acción de subirse en algo.

(Verb)
Action of getting on top of something.

Sinónimos (Synonyms): Subirse (Get on).

*Ejemplos (Examples):*

- Ella se me encaramó.
  She got on top of me.

- No te encarame en esa mata.
  Don't climb that tree.

- Encarámate en el techo.
  Get on the roof.

*Informal*


## Encojonado (M) / Encojonada (F)

(Adjetivo)
Estar muy molesto o frustrado.

(Adjective)
Being really angry or frustrated.

Sinónimos (Synonyms): Colérico, furioso (Angry, furious)

DominicanSpanish101.com

*Ejemplos (Examples):*

- ¡Estoy encojonada con mami!
  I'm angry with mom!

- Se fue encojonado de aquí.
  He left furious.

- El público estaba encojonado pro el atraso.
  The crowd was angry because of the delay.

*Informal*

# Enfríarse o Estar frío

(Verbo reflexivo)
Palabra o frase que indica que una persona se encuentra en alta estima, ya sea por un favor, un buen desempeño o tras enmendar un error.

(Reflexive verb)
Translates to "Getting cold or cool" and it refers to being held in high esteem whether for good performance, a favor or after fixing a mistake.

*Ejemplos (Examples):*

- Te enfríaste con ese regalo.
  You're forgiven after that gift.

- Me tengo que enfríar con mi novio.
  I have to make amends with my boyfriend.

*Dominican Spanish 101*

- Es mejor que te enfríes después de esa llamada.
  You better fix things after that call.

*Slang, Informal*

# Fiebrú

(Masculino - Sustantivo)
Persona adicta a algo.

(Noun - Masculine)
Person addicted to something.

Sinónimos (Synonyms): Adicto (Addicted).

*Ejemplos (Examples):*

- Soy fiebrú con la pelota.
  I'm so addicted to baseball.

- Ese tipo e un fiebrú de la computadora.
  That guy is addicted to the computer.

- Ese tipo tiene una fiebre con el maldito Nintendo ese, ni se para a miar.
  That guy is so addicted to Nintendo Video games, he doesn't even get up to pee.

*Informal*

## Fogaraté

(Sustantivo-Masculino)
Es una planta Silvestre que causa irritación en la piel. Se utiliza para describir el impetu de una persona

(Noun - Masculine)
A wild plant that causes skin irritation. Used to describe someone's dynamism.

*Ejemplos (Examples):*

- **Esa niña tiene un fogaraté !**
  That girl has fire in her veins!
- Cuidado que por ahí hay fogaraté.
  Watch out for the wild plants.
- **Cuando hay fiesta se le mete un fogaraté.**
  When there's a party he gets fire in his blood.

*Informal, Pejorative*


## Freco (M) / Freca (F)

(Adjetivo)
Persona propasada, que priva en muy sociable y pasado de confianza.

(Adjective)
Fresh person that takes confidence too soon with a person.

Sinónimos (Synonyms): Confianzudo, Atrevido (Fresh)

*Ejemplos (Examples):*

- Tu si ere freco quien te dijo que le ponga la mano.
  You are so fresh, who told you to touch that.

- Ese tipo si es freco.
  That guy is so fresh

Informal, Slang, Cursing, Offensive

# Fría

(Femenino - Sustantivo)
Es la forma que se le llama a la cerveza bien fría, generalmente la marca "Presidente"

(Noun - Feminine)
Is a way to call a very cold beer, generally the brand "Presidente"

Sinónimos (Synonyms): Cerveza fría (Cold Beer).

*Ejemplos (Examples):*

- Dame una fría.
  Give me a cold beer.

- Que ganas tengo de una fría.
  I'm craving a cold Beer.

- Tráeme una fría con la comida.
  Bring me a cold beer with the food.

*Informal*

# Frito

(Masculino - Sustantivo)
Platano frito.

(Noun - Masculine)
Fried plantain.

Sinónimos (Synonyms): Platano (Plantain).

*Ejemplos (Examples):*

- Me pones frito, arroz y habichuela.
  Give me some fried plantain, rice and beans.

- Me encan'ta cenar con frito y salami.
  I love having fried plantain and salami for dinner.

*Informal*

# Fukú

(Sustantivo - Masculino)
Palabra dominicana que se refiere a un golpe de mala suerte inesperado o a una persona o algo que se dice trae mala suerte.

(Noun - Masculine)
Dominican word that refers to a sudden streak of bad luck, or to an object that is said to bring bad luck.

Sinónimos (Synonyms) : Maldición, Embrujo (Curse, Jinx)

*Ejemplos (Examples):*

- Será un fukú que tiene el equipo.
  I think the team is cursed.

- Ese tipo es un fukú, cada vez que viene chocamos el carro.
  That guy is cursed; every time he comes we crash the car.

- Si le contestas a tu madre te cae un fukú.
  If you talk back to your mother, you will be cursed.

*Informal, Sang*


# Fuñir

(Verbo)
Equivalente a molestar, estar inquieto, excesivamente activo.

(Verb)
Equivalent to bother, fidgeting, excessively active.

Sinónimos (Synonyms): Molestar (Bother).

*Ejemplos (Examples):*

- Diablos ese carajito no para de fuñir.
  Dam that kid doesn't stop bothering.

- Estoy cansada de fuñir contigo.
  I'm so tired of bothering with you.

*Informal*

# Furúfa

(Sustantivo - Femenino)
Una mujer fea.

(Noun - Feminine)
An ugly woman

*Ejemplos (Examples):*

- No quiero saber de furúfas.
  I don't want anything to do with ugly women.

- ¿Qué se crée esa furúfa ?
  Who does that hoe thinks she is?

- Dile a la furúfa esa que no se meta conmigo.
  Tell that witch not to mess with me.

*Informal, Pejorative*


# Galillo

(Masculino - Sustantivo)
Potencia de la laringe para emitir la voz tan alta, que se escucha a lo lejos. Podríamos decir que es la capacidad que tiene una persona para vocear.

(Noun - Masculine)
Larynx power to issue such a high voice, heard in the distance. We could say that is the ability of a person to shout.

Sinónimos (Synonyms): Gritar (Scream).

*Ejemplos (Examples):*

- ¡Deja ese galillo!
  Stop screaming!

- El galillo de mami se oye en el colmado.
  When my mother shouts you can hear her in the minimarket.

*Informal*

# Gase / Gas

(Sustantivo - Masculino)
Expulsión de gas por la boca.

(Noun - Masculine)
Ejection of gas through the mouth.

Sinónimos (Synonyms) : Eructo (Burp)

*Ejemplos (Examples):*

- **Tirarse gase es mala educación.**
  Burping is unpolite.

- Sácale los gases al bebé.
  Burp the baby.

- **Alguien comió longaniza y se tiró un gase.**
  Someone ate sausage and then burped.

*Informal, Vulgar, Altered word*

# Grajo

(Masculino – Sustantivo)
Mal olor de sudor que expelen las axilas, a las axilas le llaman Sobacos.

(Noun - Masculine)
Bad smell of sweat expelling from the underarm. Underarm is also known as "Sobaco".

Sinónimos (Synonyms):  Mal olor en las axilas (under arm odor)

*Ejemplos (Examples):*

- Ese tipo tiene un grajo
  That guy has such a bad body odor

- Que grajo tengo, me voy a bañar.
  I smell so bad, I´m going to take a bath.

- Maestra, Luis tiene grajo.
  Teacher, Luis smells bad.

*Informal, Slang, Offensive*

# Gringo (M) / Gringa (F)

(Sustantivo)
El nombre que recibe todo americano, canadiense o extranjero muy blanco.

(Noun)

The name given to every American, Canadian or very white foreigner.

Sinónimos (**Synonyms**): Extranjero blanco (White foreigner).

Ejemplos *(Examples):*

- La zona colonial está llena de gringos.
  The colonial zone is full of white people.

- Ni cuantos Gringos había en la playa ayer.
  There were so many White people at the beach yesterday.

*Informal, Slang*

## Guácala

(Expresión)
Expresión de asco o disgusto ante algo desagradable o asqueroso.

(Expression)
Expression of disgust or dislike of something unpleasant or disgusting.

Sinónimos (**Synonyms**): Asqueroso (Gross).

Ejemplos *(Examples):*

- Guacala! A ti te gusta el aguacate.
  Yuck! You like avocado.

- Guacala! Tengo que limpiar la pupú del perro

Gross! I have to pick up the dog's poop.

*Informal*

## Guachimán

(Masculino - sustantivo)
Guardián privado. Viene del inglés "Watchman". Para abreviar la palabra también les llaman "guachi".

(Noun - Masculine)
Private Guardian. It comes from the English "Watchman". To abbreviate the word also call them "guachi".

Sinónimos (Synonyms): Guardia de seguridad (Security guard)

*Ejemplos (Examples):*

- El guachimán del edificio tiene la llave.
  The security guard of the building has the key.

- Pregúntale al guachi si llego el vecino.
  Ask the doorman if the neighbor is home.

*Informal*

## Guagua

(Nemenino – sustantivo)
Equivalente a un vehículo como autobús o camioneta dependiendo en el contexto que sea mencionado.

(Noun - Feminine)
Refers to a vehicle as a bus or van depending on the context it is mentioned.

Sinónimos *(Synonyms):* Autobús (Bus).

*Ejemplos (Examples):*

- Yo voy a trabajar en guagua.
  I go to work on bus.

- El papá de Julian es chofer de guagua.
  Julian's dad is a bus driver.

- Nos vamos en guagua para San Juan.
  We are going on bus to San Juan.

*Informal, Slang*


# Guille

(Sustantivo - Masculino)
Sentirse atraído por alguien. Esconderse o seconder una realidad. Pretención de ser algo.

(Noun - Masculine)
Feeling attracted to someone. Hiding oneself or a reality. Pretending.

*Ejemplos (Examples):*

- **María tiene un guille con Carlos.**
  María is attracted to Carlos

- Se guilló de loco para no pagar.
  He pretended he was crazy and didn't pay.

- Déjà el guille que sabemos la verdad.
  Stop pretending, we know the truth.

*Informal*

# Güira

(Sustantivo – Femenino)
Instrumento tradicional dominicano que se usa para tocar merengue, tiene forma cilíndrica y su superficie esta cubierta de hoyos, parecido a un guaya-queso.

(Noun – Feminine)
Traditional Dominican instrument used to play merengue, it has a cylindrical shape and is covered in holes that ressemble those of a cheese-grater.

*Ejemplos (Examples):*

- No existe merengue tradicional sin güira.
  There is no such thing as traditional merengue without a güira.

- Tocar la güira es mas difícil de lo que parece.
  Playing the güira is a lot harder than it seems.

*Cultural*

# Habichuela

(Sustantivo – Femenino)
Hortaliza que se utiliza muy frecuentemente en la cocina dominicana, las rojas son parte del famoso plato "la bandera".

(Noun – Feminine)
Literally translates to beans, these are very frequently used in Dominican cuisine, the red variant are part of the famous dish "La bandera".

Sinónimos (Synonyms): Frijoles (Beans)

*Ejemplos (Examples):*

- ¡Manolo hechamele mas habichuela a este concón!
  Manolo, pour me some more beans on this concon!

- Yo no puedo comer arroz sin habichuelas, eso no es de dominicano.
  I can note at rice without bean sauce, that's not a Dominican thing to do

*Dishes*

# Habichuela con dulce

(Sustantivo – Femenino)
Plato dulce tradicional dominicano, es una sopa de habichuelas dulce, que se prepara llena de batatas, pasas, galletas de leche y los granos de la habichuela en si.

(Noun – Feminine)
Traditional dominican sweet dish, it's sweet bean soup, prepared filled with sweet potatoes, raisins, milk biscuits and the bean's grains themselves.

*Ejemplos (Examples):*

- En semana santa lo que más me gusta es comer habichuelas con dulce.
  During Easter's week, the thing I love the most is eating Habichuela con dulce.
- La receta especial de mami le pone malagueta a las habichuelas con dulce.
  Mom's special habichuela con dulce récipe adds nutmeg to the dish.

*Cultural, Dishes*


# Hame' coro

(Expresión)
Una forma de decir: "entretenme" o "préstame atención"

(Expression)
A way of saying "entertain me" or "pay some attention to me"

*Ejemplos (Examples):*

- Diogenes, toi aburria a nivel, hame' coro.
  Diogenes, I'm truly bored, entertain me.
- Manuel pero que' lo que! Hame coro, que me sacate' lo

pié ayer...
Manuel, what's up man! Hit me up here, since you forgot about me yesterday...

*Informal*

# Hanguiá'

(Masculino - Sustantivo)
Una forma de decir "salir", para compartir con otra persona.

(Noun - Masculine)
A way of saying "going out", to share with another person.

Sinónimos (Synonyms): Salir (Going out).

*Ejemplos (Examples):*

- ¿Vamos a hanguiá' esta noche?
  Are we going out tonight?

- Estoy aburrida quiero hanguiá'.
  I'm bored I want to go out.

- Mami, voy a hanguiá' con Luis.
  Mom, I'm going out with Luis.

*Informal*

# Jablador (M) / Jabladora (F)

(Adjetivo)
Persona que habla mentiras constantemente.

(Adjective)
Someone who constantly says lies.

Sinónimos *(Synonyms):* Hablador, Mentiroso, embustero *(Liar)*

*Ejemplos (Examples):*

- Tú si ere jablador.
  You are such a liar

- Ese hablador le dijo que yo lo hice
  That liar told him I did it.

- ¡No soporto a ese jablador!
  Can´t stand that liar!

*Informal, Slang, Offensive*

# Jabladuría

(Sustantivo - Femenino)
Una mentira.

(Noun - Feminine)
A lie.

Sinónimos (Synonyms): Falacia (Fallacy)

*Ejemplos (Examples):*

- **Eso es una jabladuría.**
  Here he comes with his lies.

- Ya has dicho demasiada jabladuría.
  You've said too many lies.

- Esa es una jabladuría demasiado grande.
  That's a major fallacy.

*Informal*

# Jamona

(Femenino - Sustantivo)
Mujer que no se ha casado.

(Noun – Feminine)
A woman that has not married.

Sinónimos (Synonyms): Solterona (Spinster)

*Ejemplos (Examples):*

- Mi tía se quedó jamona.
  My aunt is a spinster

- Me quedare jamona.
  I will never get married.

- Ya tiene 40 y sigue jamona.
  She is already 40 and still has not gotten married.

*Slang, Offensive*

# Jarina

(Sustantivo - Femenino)

Lluvia ligera.

(Noun - Feminine)
Light rain

Sinónimos (Synonyms): Llovisna (Light rain).

Ejemplos (Examples):

- Esta jarineando.
  It's raining slightly.

- No voy a salir con esta Jarina.
  I'm not going out with this light rain.

Informal

# Jarto (M) / Jarta (F)

(Adjetivo)
Esta palabra es relativa a cansado, hastiado.
También se refiere a tener el estómago muy lleno.

(Adjective)
This Word is related to being really tired, or tired of something. Having a full stomach.

Sinónimos (Synonyms): Harto, Cansado, Hastiado (Tired, Fed up)

Ejemplos (Examples):

- Estoy jarto de ti, me tienes jarto.
  You got me so fed up

- Los apagones me tienen jarto.
  The power outages have me so fed up.

- Comí demasiado, estoy jarto.
  I ate so much, I'm full.

*Informal, Slang*

## Jartura

(Sustantivo - Femenino)
Comer mucho, llenar el estómago hasta sentirse mal.

(Noun - Feminine)
Eating too much, to a point that you have a stomachache or are well satisfied.

Sinónimos (Synonyms): Satisfecho, (Full stomach)

*Ejemplos (Examples):*

- Que jartura de mango.
  I'm so full of eating Mango

- Tengo una jartura que no puedo pararme.
  I'm so full I can't stand.

- Loco ayer me di una jartura de Sancocho en casa de mi abuela.
  Dude yesterday I ate so much Sancocho at my grandmother's house.

*Informal, Slang*

## Jevito (M) / Jevita (F)

(Sustantivo)
Término utilizado por la juventud dominicana para señalar aquellos jóvenes muy a la moda y pretenciosos, viene del inglés "Heavy".

(Noun)
Term used by the Dominican youth to mark young people who are very fashionable and pretentious, comes from the English "Heavy".

Sinónimos (Synonyms): Privón (Snob).

*Ejemplos (Examples):*

- Ese bar es de jevitos.
  That bar is for snobby kids.

- Los jevitos de hoy en día solo quieren andar en shorts.
  The snobs only want to wear shorts nowadays.

*Informal*

## Jipío

(Sustantivo - Masculino)
Jadeo involuntario que se emite al llorar intensamente.

(Noun - Masculine)
Gasping sound emitted while crying intensely.

*Ejemplos (Examples):*

- Está llorando con jipío.
  She's crying without consolation.

- Guardate tu jipío.
  You can save the tears.

- Escucho jipíos ahí al lado.
  I hear crying next door.

*Informal*

# Juchar

(Verbo)
Provocar, instigar, incitar a una persona para que haga algo, también es como se denomina el motivar a un animal para que ataque.

(Verb)
Provoque, instigate, incite a person to do something. It is also applied to the action of motivating an animal to attack.

Sinónimos (Synonyms) : Provocar, Instigar, Incitar, Motivar (Provoque, Instigate, Incite, Motivate)

*Ejemplos (Examples):*

- Te voy a juchar al perro para que te vayas
  I'm going to let the dog loose on you to kick you out.

- A mi no hay que jucharme mucho.

You don't have to incite me too much.

- **Deja de jucharlos para que peleen.**
  Stop instigating a fight.

*Informal, Slang, Verb*


# Jumo

(Masculino – Sustantivo)
Estado logrado luego de tomar mucho alcohol.

(Noun - Masculine)
How you get after drinking a lot of alcohol.

Sinónimos (Synonyms): Borrachera (Drunk).

*Ejemplos (Examples):*

- **Me di un jumo anoche que no recuerdo nada.**
  I got so drunk last night I can't remember anything.

- **El tiene un jumo.**
  He is drunk.

*Informal*


# Juntadera

(Femenino – Sustantivo)
Esta expresión se refiere a un encuentro para beber o comer.

(Noun - Feminine)
This term refers to a gathering to drink or eat.

Sinónimos (Synonyms): Reunión (Gathering)

Ejemplos (Examples):

- La juntadera de esta noche es en casa de Juan
  The get together is at John´s

- ¿Dónde es la juntadera?
  Where is the get together?

- ¿Cuándo es la juntadera del trabajo?
  When is the meeting with the people from work?

Informal


# Kachú

(Masculino - Sustantivo)
Salsa de tomate.

(Noun - Masculine)
Tomato paste/sauce (sándwich variety), ketchup.

Sinónimos (Synonyms): Pasta de tomate (Ketchup).

Ejemplos (Examples):

- Traeme Kachu con mis papas fritas.
  Bring me Ketchup with my french fries.

- Yo no como Pica Pollo sin Kachu.

I can't eat Fry chicken without Ketchup.

*Informal, Altered word*

# La bandera

(Sustantivo – Femenino)
Es el plato más popular de República Dominicana, debido a su capacidad de satisfacer a cualquiera y bajo costo de preparación.
Consiste de arroz, con habichuelas rojas en su salsa, y carne, ya sea pollo o res. Puede ser acompañado con ensalada.

(Noun – Feminine)
It's the most popular dish in the Dominican Republic, due to how much it leaves anyone satisfied, and its low preparation cost.
It's made up of rice, with red beans in their sauce, and chicken or beef meats.
It can be accompanied by salad.

*Ejemplos (Examples):*

- El dominicano que no haya probado la bandera se esta perdiendo del significado de la vida.
  The Dominican that hasn't ever tried the flag, is missing out on the true meaning of life.

- Cuando yo vengo del trabajo y mi esposa me guarda la bandera… ¡se me salen las lagrimas!
  When I come back from work and my wife prepares the flag for me… I can't hold back the tears!

*Dishes, Cultural*

# La macate'!

(Expresión)
Véase: Macarla.
Una forma de decir a alguien que cometion un gravísimo error.

(Expression)
See: Macarla.
A way of telling someone that they've made a terrible mistake.

*Ejemplos (Examples):*

- ¡La macate' si chocaste el carro de papi, Carlos!
  You messed up real bad if you crashed dad's car, Carlos!

- Me dijeron ayer que la macate' con tu abuela por estar de freco, ¿eh?
  So…I was told yesterday that you got on your grandma's bad side for being so disrespectful huh?

*Informal*

# Lambón (M) / Lambona (F)

(Adjetivo o expresión)
Persona que pide mucho y va a sitios donde no lo han

invitado.
Aduclador.

(Adjective or expression)
Person asking a lot of favors and going to places where they have not been invited.
Flatterer.

Sinónimos *(Synonyms):* Adulador *(flatterer)*

*Ejemplos (Examples):*

- Eres un lambón de los jefes.
  You are a sucker to the bosses.

- ¡Que lambón es ese tipo!
  He is such a flatterer!

- Ese lambón me pide comida todos los días.
  That cheap asks me for food every day.

Informal, Slang, Offensive

## Le pasó como a confú

(Expresión)
Expresion utilizada para indicar que alguien se ha confundido.

(Expression)
Expression used to indicate that somebody got cofused.

*Ejemplos (Examples):*

- **Ah, compro el vestido equivocado, le paso como a confú...**
  Oh, she bought the wrong dress... must've gotten

mixed up.

- Le dije que trajera al perro pero le pasó como a confú y vino con el gato.
  I told her to bring the dog but she got mixed up and came with the cat.

*Informal*

# Llégale

(Expresión)
Una orden indirecta que literalmente se podría interpretar como "vé hazlo", pero que también puede ser interpretada como "entiéndelo" (como cuando se hace una broma).

(Expression)
An indirect order that can literally be interpreted as "go do it", but which can also be interpreted as an imperative "get it" (such as when a joke is made)

*Ejemplos (Examples):*

- ¿Llegale pai, ahora el pasaje cuesta 5 pesos mas, pero qué vaina eh?
  Get this, now the transportation fees have gone up by 5 pesos, what a damn thing eh?

- Llegale que después nos deja la guagua!
  Get there or else the bus will leave us behind!

*Informal, Order*

## Loco (M) / Loca (F)

(Sustantivo)
Otra forma de llamar a un amigo o a una persona cualquiera, equivalente a "dude" en inglés.
Persona con problemas mentales.

(Noun)
Another way of calling a friend or a random equivalent to "dude" in English.
Crazy person.

Sinónimos (Synonyms): Pana (Dude).

*Ejemplos (Examples):*

- Loco, vamos para el coro esta noche.
  Dude, are we going to the get together tonight.

- Loca ven para mi casa orita.
  Girl, come to my house later.

*Informal*

## Locrio de pollo

(Sustantivo – Masculino)
Plato que consiste en preparar arroz con sazones y vegetales incorporados, para luego añadir pollo troceado o en piezas enteras bien sazonado y cocinado (preferiblemente ahumado)

(Noun – Masculine)
Dish which consists in the preparation of rice with vegetables and seasonings incorporated, to then add well seasoned and cooked chicken bits or whole pieces of it (preferably smoked)

*Ejemplos (Examples):*

- Hoy mami está cocinando locrio, ¡Alabado sea el señor!
  Today mom is making locrio, praise the lord!

- Tengo que aprender a cocinar locrio antes de ir a vivir solo.
  I have to learn to cook locrio before going to live on my own.

*Informal, Dishes*


## Los tres golpes

(Sustantivo – Masculino)
Compaña que generalmente se sirve con mangú, compuesta de salami frito, cebolla y huevo frito.

(Noun – Feminine)
Garnish which is generally served with mangu, made out of fried salami, onion and fried eggs.

*Ejemplos (Examples):*

- **Mi comida favorita es mangú con sus 3 golpes.**
  My favourite food is mangu with fried salami, onion and fried eggs.

- ¡Los tres golpes van bien con cualquier plato!
  Fried salami, onion and fried eggs go well with any dish!

*Dishes*

# Macarla

(Verbo)
Cometer un error practicamente irreversible.

(Verb)
Literally translates to "biting" or "chewing" but refers to making a big and almost irreversible mistake.

Sinónimos *(Synonyms):* Joderla (Screw up)

*Ejemplos (Examples):*

- La acabo de macar en ese examen.
  I just screwed up that test.

- La macaste con tu novia.
  You screwed up with your girl.

- La masticaron con esos anuncios.
  They messed up with those ads.

*Slang, Informal*

# Mai

(Sustantivo-Femenino)
Contracción de la palabra "Madre." También se utiliza de manera común para referirse a una pareja de sexo femenino y entre amigas.

(Noun - Feminine)
Contraction of the word "Mother" it's commonly used to refer to the parental figure, or a female loved one.

Sinónimos (Synonyms): Mamá, mami, madre (Mom, Mommy, Mother)

*Ejemplos (Examples):*

- Dile a tu Mai que venga acá.
  Tell your mom to come here.

- Oye Mai, tu si estás linda hoy.
  Hey Ma', looking pretty today.

- ¿Mai, qué hay de Nuevo?
  Ma' what's new?

*Slang, Informal, Affection*


# Maipiolo

(Sustantivo-Masculino)
Hombre que se dedica a apoyar o a propiciar relaciones indebidas.

(Noun - Masculine)
Man that causes or supports forbidden relationships between two people.

Sinónimos (Synonyms): Celestino (Matchmaker)

Ejemplos (Examples):

- ¡Ese fue el maipiolo que los juntó!
  That was the guy that got them together!

- Deja tu de estar de maipiolo que eso 'ta mal.
  Stop being a 'maipiolo' that's wrong.

- Por el amigo me fue infiel, él fue el maipiolo.
  He cheated on me because of his friend, he was the matchmaker.

*Informal, Pejorative*

# Maltallao

(Adjetivo-Masculino)
Forma de decir "Mal Tallado" y se refiere a una persona con un cuerpo poco escultural

(Adjective - Masculine)
It's a way of saying "mal tallado" and it refers to a person with a body that is not considered beautiful or proporcionate.

Ejemplos (Examples):

- Debe de vestirse mejor ese maltallao.

He should dress better with that body.

- Lo vas a conocer, es el más maltallao de la fiesta.
  You'll know fim right away he has the worst body at the party.

- Esa niña nació maltallá.
  She was born with that body.

*Informal, Pejorative*


# Mandarse

(Verbo)
Se refiere a salir corriendo.

(Verb)
It means to get out running.

Sinónimos (Synonyms): Correr (Run).

*Ejemplos (Examples):*

- Empezó a llover y yo me mande.
  It started raining and I ran.

- Luis se mandó cuando escuchó el tiro.
  Luis started running when he heard the shot.

- Fulanito es un pendejo, cuando se arma un pleito es el primero que se manda.
  John doe is a coward, when there is a fight he is the first one to run.

*Informal*

# Manganzón

(Sustantivo-Masculino)
Adulto que goza de hacer actividades infantiles o quiere ser tratado como un niño. Alguien bobo.

(Noun - Masculine)
An adult that enjoys acting childish and being treated like a child. Someone dumb.

*Ejemplos (Examples):*

- ¡Ahí de manganzón a contarle a su mami!
  There goes the man-child running to mommy!

- No seas manganzón.
  Don't be a child.

- El se hace el manganzón.
  He pretends to be childish.

*Informal, Slang, Pejorative*

# Mangú

(Masculino - Pustantivo)
Plátano verde majado con mantequilla y un poco de sal. Es un plato típico dominicano y se come a cualquier hora del día.

(Noun - Masculine)
Green mashed plantain with some butter and salt. Is a typical Dominican dish and it's eaten any time during the day.

Sinónimos (Synonyms): Plátano majado (Mashed plantain).

*Ejemplos (Examples):*

- Guardame mangú de cena, con cebollita y queso frito.
  Save me some Mashed plantain fro dinner with onions and fried cheese.
- Estoy antojá de un Mangú con huevos.
  I'm craving mashed plantain with eggs.
- En mi casa se come mangú casi todos los días.
  In my house we eat mashed plantain almost every day.

*Informal*


# Manso

(Masculino - Sustantivo)
Estar calmado o tranquilo

(Noun - Masculine)
Being calm or peacefull.

Sinónimos (Synonyms): Tranquilo (Chilling).

*Ejemplos (Examples):*

- A: ¿qué haces?

- B: nada, aquí manso
  A: What are you doing?
  B: nothing, chilling

- Me gusta estar manso en mi casa
  I like being chill in my house.

*Informal*


# Mapuey

(Masculino - Sustantivo)
La Dioscorea trifida es un tubérculo del género Dioscorea originario del Caribe, Centroamérica tropical y América del Sur.

(Noun - Masculine)
Dioscorea trifida is a tuber of the Dioscorea gender from the Caribbean, tropical Central and South America.

Sinónimos (Synonyms): Tuberculo (Tuber).

*Ejemplos (Examples):*

- Un puré de mapuey con papa pa la cena.
  A mapuey and potato mash for dinner.

- Quiero probar el mapuey
  I want to try the mapuey.

*Informal*

# Marimba

(Sustantivo – Femenino)
Instrumento tradicional dominicano que se usa para tocar merengue, es una caja hueca con un hoyo en un costado, sobre el cual se sueldan laminas de hierro para simular el sonido de un bajo.

(Noun – Feminine)
Traditional Dominican instrument used to play merengue, it's a hollow box with a hole carved on a side, upon which small iron sheets are welded to simulate the sound of a bass.

*Ejemplos (Examples):*

- Manuel está aprendiendo a tocar la marimba.
  Manuel is learning to play the marimba.

- Los jóvenes de ahora no respetan su cultura, nisiquiera saben lo que es una marimba.
  Today's youth doesn't respect its culture, they don't even know what a marimba is.

*Cultural*


# Marío

(Sustantivo-Masculino)
Forma coloquial de ferirse al hombre en el matrimonio, disminución de la palabra "Marido."

(Noun - Masculine)

Common way to refer to the man within marriage or common law union. Contraction of the word "Marido."

Sinónimos (Synonyms): Esposo (Husband)

Ejemplos (Examples):

- **Dile a tu marío que te compre ese reloj.**
  Tell your man to get you that watch.

- **Que nadie se meta con mi marío.**
  Nobody mess with my man.

- **Yo vi a tu marío en mal sitio anoche.**
  I saw your man in a bad place last night.

*Slang, informal*

# Mata

(Femenino – Sustantivo)
Es una forma de decir árbol.

(Noun - Feminine)
Is a way of saying tree.

Sinónimos (Synonyms): Árbol (Tree).

Ejemplos (Examples):

- **¿Viste a ese carajito encaramarse en esa mata?**
  Did you see that kid getting up that tree?

- **Tengo una mata en mi casa.**

I have a tree in my house.

- La mata de mango del vecino cae en mi patio.
  The mango tree from the neighbors falls in my backyard.

*Informal*

# Matatan (M) / Matatana (F)

(Adjetivo)
Hombre que se cree capaz de dominar cualquier situación y persona.

(Adjective)
Men who believes is able to master/, handle any situation or person.

Sinónimos (Synonyms): Professional, Experto (Profesional, Expert).

*Ejemplos (Examples):*

- Ese pana es un matatan.
  That dude is a pro.

- Viste a ese matatan en la pista de carrera.
  Did you see that expert in the running track.

- El matatan de Michael Phelps ganó oro otra vez en los juegos olímpicos.
  Michael Phelps is a pro, he won a gold medal in the Olympic games again.

*Informal, Compliment (urban)*

## Me copiate?

(Expresión)
Expresion utilizada para verificar si una persona ha entendido un mensaje comunicado.

(Expression)
Expression used to check if a person understood the message delivered.
alteration of the phrase "me copiaste?"; literally translates to "did you copy?"

*Ejemplos (Examples):*

- Oye no le pongas la mano a ese DVD, ¿me copiate?
  Hey don't you touch that DVD, understood?

- ¿Me copiaste o no me copiaste?
  Did you catch that, or not?

*Informal, Altered word.*

## Me puse pa' ti / pa' eso

(Expresión)
Expresion utilizada para indicar que uno se dedicara para alguien o algo en ese momento.

(Expression)

Expression used to indicate that one is dedicated to someone or something for the time being.

*Ejemplos (Examples):*

- Ok, terminé mi tarea; me puse pa' ti Laura.
  Alright, I finished my homework; I'm all yours Laura.

- ¿Oh pero todavía hay que pintar la pared? ¡Vamos a ponernos pa' eso!
  Wait a minute, we still gotta Paint the Wall? Let's get on with that!

*Informal*

# Merengue

(Sustantivo - Masculino)
Estilo musical tradicional originario de República Dominicana en la región Cibao, consiste de ritmos rápidos tocados con instrumentos como: La güira, marimba, el acordeón y los tambores.

(Noun - Masculine)
Musical style originating in the Cibao región of the Dominican Republic, it consists of fast rhythms and is played on instruments such as the güira, Marimba, Accordeon and hand drums.

*Ejemplos (Examples):*

- El dominicano que no le guste el merengue que se

revise.
A Dominican that doesn't like Merengue has to get himself checked.

- **Ese tiguere baila merengue como un tolete.**
  That dude dances Merengue like a badass.

*Cultural*


# Miao

(Sustantivo - Masculino)
Relativo a orine. También usado como verbo "miar".

(Noun - Masculine)
Used to refer to pee. Also used as a verb "miar".

Sinónimos (Synonyms): Orine (Urine)

*Ejemplos (Examples):*

- **Lo miao del perro huelen mal.**
  The dog's pee smells bad.

- **Voi a miar, ya vuelvo.**
  I'm going to pee, I'll be back.

*Informal*


# Mojiganga

(Sustantivo-Femenino)

Relajo, burla, algo que no es tomado en serio.

(Noun - Feminine)
A joke, something that is not taken seriously.

Sinónimos (Synonyms) : Burla (Joke)

*Ejemplos (Examples):*

- ¡Me tienen de mojiganga estos muchachos!
  These kids are making a fool of me!

- Ese trabajo tuyo es una mojiganga.
  That job of yours is a joke.

- Yo no entiendo la mojiganga esa.
  I don't get that stupid thing.

*Slang, Informal*

## Mondongo

(Sustantivo – Masculino)
Tripas de cerdo, general mente cocinadas en estofados y sancochos.

(Noun – Masculine)
Pig tripes, generally cooked in stews or sancochos.

Sinónimos (synonyms): Tripas (tripes)

*Ejemplos (Examples):*

- ¡A mi me encan'ta un mondongo bien cocinado y

- sazonado!
  I love me some well cooked and seasoned pig tripe!

- El mondongo puede enfermarte si no se prepara bien.
  Pig tripes can get you sick if they're not prepared correctly

*Dishes*

# Montro

(Sustantivo-Masculino)
Jerga para la palabra "Monstruo" Se refiere a un hombre con grandes habilidades, muy capaz.

(Noun - Masculine)
Slang for "Monster" it refers to a man with great abilities, very capable.

*Ejemplos (Examples):*

- ¿Wow viste es tiro? ese tipo es un montro.
  Wow, did you see that shot? That guy is an animal.

- Llegan lo montro.
  The squad is here.

- ¿Dime a ver montro?
  What's up dude?

*Informal, Compliment*

## Motete

(Sustantivo - Masculino)
Pertenencias personales empaquetadas, ropas, ajuares y muebles.

(Noun - Masculine)
Packed personal belongins, clothes, furniture, etc.

Sinónimos (Synonyms): Pertenencias (Belongings)

*Ejemplos (Examples):*

- ¡Recojes tus motetes y te vas!
  Gather your things and leave!

- Encontró todos los motetes afuera de la casa.
  He found all his belongings outside the house.

- Le robaron todos los motetes.
  They stole all his things.

*Informal, Slang*


## Moto-concho

(Sustantivo - Masculino)
Medio de transporte público en el que los pasajeros son llevados por motociclistas.

(Noun - Masculine)
Public transportation medium in which the passenger gets carried by a biker.

Sinónimos (Synonyms): Motorista (Bike rider)

*Ejemplos (Examples):*

- Cuando salgamos de la playa nos vamos en motoconcho.
  Once we leave the beach we'll go via biker taxi.

- ¡Ese motorista maneja como un perro!
  That biker was riding like a dog!

*Informal*

# Mueca

(Femenino – Sustantivo)
Gesto facial gracioso o utilizado para comunicarse.

(Noun - Feminine)
Funny Facial expression or used to communicate.

Sinónimos (Synonyms): Cara chistosa (Funny face).

*Ejemplos (Examples):*

- Ese niño siempre está haciendo mueca.
  That kid is always making funny faces.

- El niño hacia muecas mientras comida.
  The kid made funny faces while he ate.

- ¡Deja de hacer muecas!
  Stop it with the Funny faces!

*Informal*

# Ñapa

(Femenino – Sustantivo)
Obsequio o regalo que un vendedor otorga a un comprador.

(Noun - Feminine)
Gift or extra given by the seller to the customer.

Sinónimos (Synonyms): Regalo, Bono (Bonus, Extra).

*Ejemplos (Examples):*

- Ponme la ñapa
  Put some extra.

- El heladero me dio media bola de ñapa.
  The icecream men gave me half a ball extra.

- ¿Y no me vas a dar la ñapa?
  So you are not giving me a little extra?

*Informal*

# Nítido

(Masculino - Adjetivo)
Se refiere cuando una persona acepta algo o le gusta algo.

Algo que esta vacano, cool.

(Adjective - Masculine)
It refers to when a person accepts something or likes something.
Something cool or awesome, on point.

Sinónimos (Synonyms): De acuerdo, Bien (Agree, on point).

Ejemplos *(Examples)*:

- Nos juntamos después del trabajo.
- Nitido, te veo aya.
  We can get together after work.
  Alright, se you there.

- El carro de Luis esta nítido.
  Luis' car is on point.

*Informal*

# Ofrecome

(Masculino - Sustantivo)
Expresión de asombro o indignación derivada de los puritanos católicos antiguos mediante la cual se ofrecía uno mismo u otra persona a su creador. Me ofresco, te ofresco.

(Noun - Masculine)
Expression of surprise or outrage derived from the ancient Catholic Puritans which offered themselves or another person to its creator.

Sinónimos (Synonyms): Wao (Wao).

*Ejemplos (Examples):*

- ¡Ofrecome! Esa mujer anda enseñando to'.
  Oh my God! That woman is showing everything.

- ¡Ofrecome! Carlos no deja de llamar.
  Oh my God Carlos won't stop calling.

*Exclamation, Informal*

## Olla

(Femenino – Sustantivo)
Cuando alguien está en bancarrota, sin dinero. .

(Noun - Feminine)
When someone is bankrupt, no money.

Sinónimos (Synonyms): Bancarrota (Broke).

*Ejemplos (Examples):*

- Estoy en olla, no tengo ni el pasaje.
  I'm broke, I don't even have for transport.

- Aquí tamo to en olla.
  Everyone here is broke.

- Esa mujer me va a dejar en olla.
  That woman is going to leave me broke.

*Informal, Slang*

# Pai

(Sustantivo-Masculino)
Contracción de la palabra "Padre." También se utiliza de manera común para referirse a una pareja de sexo masculino, y entre amigos.

(Noun - Masculine)
Contraction of the word "Father" it's commonly used to refer to the male parental figure, a call between friends, or a male loved one.

Sinónimos (Synonyms): Papá, papi, Padre (Dad, Daddy, Father)

*Ejemplos (Examples):*

- Dile a tu Pai que venga acá.
  Tell your dad to come here.

- Oye pai, tu si estás lindo hoy.
  Hey daddy, looking pretty today.

- ¿Pai, qué hay de nuevo?
  Bro' what's new?

*Slang, Informal, Affection*


# Pajón

(Sustantivo - Masculino)
Palabra de derivada de "paja" y hace referencia al pelo con mucho volumen y sin estilizar, también es un término

derrrogativo para el pelo Afro-Latino al natural o Afro.

(Noun - Masculine)
Word that in Spanish derives from "Straw" and refers to hair with non styled hair with a lot of volume; it is also a derogatory term for the Afro-Latinx hair.

Sinónimos (Synonyms): Greñas (Tangle)

Ejemplos *(Examples):*

- Peinate ese pajón.
  Fix that mop of hair.

- Ese pajón esá muy grande tienes que recortarte.
  That hair is too big you need a haircut.

- **Ella está orgullosa de su pajón.**
  She's very proud of her Afro.

*Informal*

# Palomo (M) / Paloma (F)

(Expresión-adjetivo)
Expresión utilizada para dirigirse al hombre muy tímido a la hora de enamorarse.

(Expression-Adjective)
Expression used to refer to very shy man when it comes to flirting.

Sinónimos (Synonyms): Pariguayo (Shy, Coward).

*Ejemplos (Examples):*

- Ese pana si es palomo.
  That guy is such a coward

- No seas palomo y háblale.
  Don't be a coward and talk to her.

- El palomo de Juan no la llamo.
  John is such a coward, he didn't call her.

*Informal, Offensive*

# Pancho

(Sustantivo - Masculino)
Ropa usada que se regala alguien.

(Noun – Masculine)
Used clothes that are given away for someone else to use. It can be translated to "hand-me-down."

*Ejemplos (Examples):*

- **Este vestido es un pancho.**
  This dress is a hand me down.

- Tengo un montón de panchos si quieres verlos.
  I have a lot of hand me downs if you want to take a look.

- **Odio solo poder usar panchos.**
  I hate only being able to wear hand me downs.

*Informal, Slang*

# Paracaídas

(Adjetivo - Masculino)
Persona que va a fiesta sin haber sido invitado.

(Adjective - Masculine)
Person that shows up at a party without having been invited. Literally translates to "Parachute" (may be in reference to how Para-troopers suddenly drop at designated locations)

Sinónimos (Synonyms): No invitado, Pegao (Uninvited, Party crasher).

*Ejemplos (Examples):*

- Se tiro de paracaida en el cumpleaños de Carla.
  He showed up at Carla's party uninvited
- Siempre hay uno o dos de paracaida.
  There are always one or two that show up unannounced.
- El siempre cae de paracaídas en los sitios.
  He always arrives uninvited.

*Informal, Pejorative*

## Pariguayo (M) / Pariguaya (F)

(Adjetivo)
Derivado de la palabra "Vigilante de fiesta" en Inglés y son aquellos que se quedan de pie y mirando.
Se utiliza como un término para describir a una persona discapacitada, un idiota.
Alguien quien no es parte de un grupo

(Adjective)
Derived from the English word Party Watcher used to call those who would just stand and watch during events.
Used as a term to describe a Lame person, a dumbass.
Someone not part of a group

Sinónimos (Synonyms): Vigilante de la fiesta, Idiota (Party Watcher, Lame, Dumbass).

*Ejemplos (Examples):*

- Ella te estaba mirando y tu de pariguayo la déjate ir.
  She was looking at you, and like a lame you let her go

- Que pariguayo, ni siquiera lo intentaste
  You are so lame; you didn't even try.

*Slang, Offensive*

## Pastel en hoja

(Sustantivo – Masculino)
Pastelito cuya masa es hecha a partir de plátanos, que se

rellena de carnes vegetales o queso; se prepara hirviendo, envuelto en una hoja grande de plátano.

(Noun – Masculine)
Small pate whose dough is prepared with plantains, which is generally also stuffed with meats, vegetables or cheese; it is prepared by boiling the dough and its stuffing while wraped in a big plantain leaf.

Sinonimos (Synonyms): Tamales (Plantain pate)

Ejemplos (Examples):

- En la esquina comenzaron a vender pastel en hoja, ¡vamo con el coro!
  They started selling plantain pates by the corner, let's go with the crew!

- En una buena fiesta no puede faltar pastel en hoja, viejo.
  Plantain pate cannot be missing from a good party, bro.

Dishes

# Pavita

(Femenino - Sustantivo)
Siesta o periodo de descanso que se da después de comer.

(Femenine - Noun)
Nap or rest period that occurs after eating.

Sinónimos (Synonyms): Siesta (Nap).

*Ejemplos (Examples):*

- Déjame echar una pavita antes de volver a trabajar
  Let me take a little nap before I get back to work

- Luis ta echando una pavita, le digo que te llame cuando se despierte
  Luis is taking a nap, I'll tell him to call you when he wakes.

*Informal*

# Pecao

(Masculino - Sustantivo)
Manera informal de llamar el pescado.

(Noun - Masculine)
Informal way to refer to fish.

Sinónimos (Synonyms): Pescado (Fish).

*Ejemplos (Examples):*

- Pasé por Boca Chica y me comí un pecao.
  I passed by Boca Chica and ate a fish.

- Compra pecao en el super.
  Buy some fish at the store.

- Ella tiene un bajo a pecao.
  She smells fishy.

*Informal*

## Pica pollo

(Masculino - Sustantivo)
Lugar donde venden Pollo Frito generalmente sus dueños son chinos.
Pollo Frito

(Noun - Masculine)
Place where they sell fried chicken, generally owned by Chinese people.
Fried Chicken

Sinónimos (Synonyms): Lugar de comida (Eating place).

*Ejemplos (Examples):*

- Yo quiero un pica pollo.
  I want fried chicken.

- Los chinos tienen la ciudad llena de Pica Pollos
  The Chinese have the city full of Fried chicken eating places.

- ¿Que tu quiere de comida Sancocho o Pica pollo?
  What do you want to eat, sancocho or fried chicken?

*Informal*

## Picoteo

(Sustantivo)

Forma de trabajo clandestino o informal.

(Noun)
Informal way of work.

Sinónimos (Synonyms): Trabajo extra (Extra job).

Ejemplos (Examples):

- Yo picoteo en las tardes cuando salgo del trabajo.
  I work informally in the afternoons when I get out of work.

- No tengo un sueldo fijo porque trabajo picoteando.
  I don't have a fixed salary because I work informally.

- Los músicos trabajan picoteando.
  Musicians get money working informally.

*Informal*

# Pila

(Sustantivo - Femenino)
Unidad de medida dominicana que significa mucho o un montón.

(Noun - Feminine)
Dominican measuring unit that means a lot or plenty.

Sinónimos (Synonyms) : Montón (Pila)

*Ejemplos (Examples):*

- ¡Tengo pila de tiempo que no la veo!
  It's been a long time since I've seen her!

- Ese tiguere tiene pila de dinero.
  That guy has a lot of money.

- Tengo pila de cosas que contarte.
  I have a lot to tell you.

*Informal, Slang*

# Pique

(Sustantivo - Masculino)
Cuando una persona está enojada.

(Noun - Masculine)
When a person is mad or angry.

Sinónimos (Synonyms): Enojado, Cuerda (Angry, Upset).

*Ejemplos (Examples):*

- Que pique me da esa vaina.
  That gets me so mad.

- Ese muchacho me hizo coger un pique.
  That kid made me get so angry.

*Informal, Slang*

## Pitisalé

(Masculino - Sustantivo)
Es una especie de tocino de carne de cerdo (y también de chivo) salada y secada al sol. Se utiliza como ingrediente para sazonar diversos platos.

(Noun - Masculine)
It is a kind of pork bacon (or goat) salted and dried in the sun. It is used as an ingredient for seasoning various dishes.

Sinónimos (Synonyms): Tocino (Bacon).

*Ejemplos (Examples):*

- Ponme un poco de Pitisalé.
  Give me some goat bacon.

- Nunca he probado el pitisalé
  I've never tried goat bacon.

*Informal*


## Qué lo que

(Expresión)
Que pasa.
Que está pasando.
La traducción literal "¿Qué es lo que";
KLK son abreviaturas de texto de mensaje de este término.

(Expression)

What's up.
What's going on.
Literal translation "What is what";
KLK are text message abbreviations of this term

Sinónimos (Synonyms): Que pasa (sup).

*Ejemplos (Examples):*

- Klk, Como estas?
  Sup, how are you?

- Dime klk con esa jeva.
  Tell me what's up with that girl.

*Informal, Slang*


# Queso frito

(Sustantivo – Masculino)
Rodajas de queso (preferible mente blanco, porque resiste mas a la temperatura y no se derrite tanto) fritas en aceite para ser consumidas con tostada, tostones o solas.

(Noun – Masculine)
Cheese slices (prefferably White cheese, as it does not melt easily, and retains shape) deep-fried in oil to be eaten with toast, tostones or by themselves.

*Ejemplos (Examples):*

- La mejor combinación es fritos con queso frito, salami y huevo.

The best combination is tostones, with fried cheese, salami and eggs.

- Si rellenas quipes con queso frito y carne molida, ¡te vas a dar una jartura!
  If you stuff quipes with fried cheese and ground beef, you'll be stuffed in no time!

*Dishes*

# Quipe

(Sustantivo – Masculino)
Bollito de trigo, que se rellena con carnes y vegetales.
Se sirve frito y acompañado de ensaladas o solo.

(Noun – Masculine)
Small wheat pate, stuffed with meats and vegetables.
It is served fried and accompanied by salad, or on its own

*Ejemplos (Examples):*

- Afuera de la universidad hay varios puestos de quipe.
  Outside the university there's a few quipe stands.

- El quipe se prepara enrollando el relleno ya cocinado en la masa de trigo, y friéndolo todo rápidamente.
  Quipes are prepared by rolling the wheat dough unto the pre-cooked stuffing, then frying the whole thing briefly.

*Dishes*

## Rebolu

(Masculino - Sustantivo)
Cuando se arma un lio entre personas.

(Noun - Masculine)
When there is a fight in a big group of people.

Sinónimos (Synonyms): Pelea multitudinaria (Bar fight).

Ejemplos *(Examples)*:

- Se armo un rebulu en la discoteca.
  There was a bar fight at the club.

- Ahí siempre tienen un rebulu.
  There always trouble there.

*Informal*

## Reguero

(Masculino – Sustantivo)
Utilizado para referirse a algo que esta desordenado.

*(Noun - Masculine)*
Used to refer to something that is disorganized.

*Sinónimos (Synonyms):* Desorden (Mess).

*Ejemplos (Examples):*

- *Tú siempre tienes un reguero en ese cuarto.*
  You always have a mess in that room.

- *Yo tengo un reguero en esta cartera, nunca puedo encontrar nada.*
  I have a mess in my purse, I can never find anything.

*Informal*

# Romo

(Sustantivo - Masculino)
Forma extendida de "Ron" que se utiliza para referirse a cualquier tipo de bebida alcohólica.

(Noun - Masculine)
An extended word for "Rum" and it's used to identify any type of alcoholic beverage, it could be translated as "booze"

*Ejemplos (Examples):*

- ¿Quien trae el romo?
  Who's bringing the booze?

- Yo solo voy si hay romo.
  I'm only going if there's booze.

- Que no me traigan room barato.
  They better not bring cheap booze.

*Informal, Altered word*

## Sacar los pies / Sacá' lo pié'

(Pseudo-Verbo)
El acto de abandonar, plantar o dejar de prestar atención a algo o alguien.

(Pseudo-verb)
The act of abandoning, leave waiting, or no longer paying attention to something or someone.

*Ejemplos (Examples):*

- Sacale lo pié a Francis que el se olvido de ti mija.
  Put Francis behind you now, he has log since forgotten about you, girl.

- El coro me sacó lo pié, y yo esperándolos en la duarte.
  The gang left me waiting for them here in La Duarte (name of a busy Street under a highway in the capital)

*Informal, Made-up verb*


## Salsa

(Sustantivo – Femenino)
Género originario del son cubano que se volvió muy popular en República Dominicana desde los años 60.
Es una mezcla entre el jazz y varios estilos hispanos.

(Noun – Feminine)
Genre that stems from the Cuban genre "son" which became very popular in the Dominicna Republic since the sixties.

It is a mix between jazz and various Hispanic styles.

*Ejemplos (Examples):*

- A mi me encan'ta la riqueza musical de la salsa.
  I just love the musical richness of salsa.

- Bailar salsa no es tan entretenido como bailar merengue.
  Dancing salsa isn't as fun as dancing merengue.

*Cultural*

# Salta-cocote

(Sustantivo - Unisex)
Se refiere a las lagartijas verdes que son populares en la isla y a una persona considerada fea.

(Noun - Unisex)
It refers to the small, bright and 150reen lizards that populate the island and a person that's considered ugly.

*Ejemplos (Examples):*

- ¡Le tiene miedo a los salta-cocote !
  He's scared of lizards!

- A mi siempre se me pegan las salta-cocote.
  I always attract ugly women.

- Besaste al salta-cocote anoche en tu jumo.
  You kissed the ugliest guy at the party last night while

drunk.

*Informal, Pejorative*

# Sancocho

(Sustantivo – Masculino)
Plato tradicional Dominicano, es una sopa gruesa llena de vegetales, raízes y carne bien sazonadas.

(Noun – Masculine)
Traditional Dominican dish, it's a thick soup that comes full of vegetables, roots and well-seasoned meats.

*Ejemplos (Examples):*

- ¡No hay comida mejor que el sancocho mi hermano!
  There's no dish better than sancocho my man!

- El sancocho de don Raulo está para morirse.
  Old man Raulo's sancocho is to die for.

*Cultural, Informal.*

# Seguidilla

(Femenino – Sustantivo)
Cuando te dan ganas de hacer algo, Generalmente comer, no porque quieres si no porque no puedes parar.

(Noun - Feminine)

When you feel like doing something. Generally eat, not because you want to but because you can't stop.

Sinónimos (Synonyms): Repetir (Repeat).

*Ejemplos (Examples):*

- Quítame los doritos de ahí, que me dan seguidilla.
  Get the doritos away from me, I can't stop eating them.

- Siempre que como "Galletias Maria" me da seguidilla.
  Every time I eat "Galleticas Maria" I want to eat more.

- Esta tan rico que da seguidilla.
  It's so good I want to keep eating.

*Informal*

# Semana santa

(Sustantivo – Femenino)
Una semana feriada, originante del cristianismo, que celebra los últimos días del peregrinaje de Jesucristo. Durante esta se suele comer habichuelas con dulce por tradición, después de cada comida.

(Noun- Feminine)
A week of holidays, originating from christianism, which celebrates the last few days in Jesus' pilgrimmage. During this week, as tradition, habichuelas con dulce are often eaten after every lunch.

Sinónimos (Synonyms): Pascuas (Easter)

*Ejemplos (Examples):*

- Las habichuelas con dulce son lo que mas esperan los niños en semana santa.
  During Easter week, the kids are mostly waiting to eat some habichuelas con dulce.

- En semana santa uno debe tratar de estar en comunión con el señor.
  During Easter week, one has to try their best to be in the lord's good graces.

*Cultural*

# Serrucho

(Femenino – Sustantivo)
Colecta monetaria que hacen un grupo de personas para comprar cualquier cosa, por lo general bebidas alcohólicas o comida.

(Noun - Feminine)
Collection of money that a group of people make to buy anything, generally alcohol or food.

Sinónimos (Synonyms): Recaudación (Collection).

*Ejemplos (Examples):*

- Vamos ah hacer el serrucho para la pizza.
  Let's do a collection for the pizza.

- Todos tienen que poner 100 pesos para el serrucho.

Everyone needs to pay 100 pesos for the collection.

*Informal*

# Sirimba

(Femenino - Sustantivo)
Decaimiento repentino, en un momento inoportuno y que deja la sensación de falta de cuchara o de una anemia.

(Noun - Feminine)
Sudden fall, at an inopportune time and leaves the feeling of lack of food or anemia.

Sinónimos (Synonyms): Desmayo (Faint).

*Ejemplos (Examples):*

- Me dio una sirimba en el super ayer.
  I fainted at the super market yesterday

- No quiero que me dé una sirimba con este calor.
  I don't want to faint with this heat.

- No te enteraste de la sirimba que le dio a Jenny.
  Didn't you hear about Jenny's faint.

*Informal*

# Sobaco

(Masculino – Sustantivo)

Nombre vulgar que se le da a las axilas.

(Noun - Masculine)
Name given to the armpits

Sinónimos (Synonyms): axilas (armpits).

*Ejemplos (Examples):*

- Carlos tiene un bajo en lo sobaco.
  Carlos has bad smell in his armpits.

- Lávate bien los sobacos.
  Wash your armpits well.

- Ponte desodorante en los sobacos.
  Put on deodorant in your armpits

*Informal*

## Sonso (M) / Sonsa (F)

(Adjetivo)
Persona de aprendizaje lento, que está siempre en el aire, lejos de la realidad.

(Adjective)
Slow learner, person who is always in the air, far from reality

Sinónimos (Synonyms): Bobo/a (Slow, Dumb).

*Ejemplos (Examples):*

- Ese muchachito es medio sonso.

That kid is kind off slow.

- No seas tan sonso, se te tan metiendo en la fila.
  Don't be so dumb, there cutting in front of you.

*Informal, Offensive*

# Suape

(Masculino-Sustantivo)
Los malestares causados por el consumo de bebidas alcohólicas.
Herramienta que se utiliza para limpiar el piso

(Noun - Masculine)
The sickness caused by drinking alcohol.
Tool used to clean the floor.

Sinónimos (Synonyms): Trapeador, Resaca (Mop, Hang over).

*Ejemplos (Examples):*

- Loco, que suape después de la salida de anoche.
  Dude, I'm so hang over from yesterday night out.

- Búscame el suape que se botó un jugo.
  Get me the Mop, there is a juice spill.

- Pide una pastilla en el colmada para ese suape.
  Get a pill from the mini market for that hang over.

*Informal, Slang*

# Ta' Pasao'

(Expresión)
Deriva de "estar pasado", cuando una persona se exede.

(Expression)
Comes from "to be past...", when someone goes over the line.

Sinónimos (Synonyms): Pasado (Over the line).

*Ejemplos (Examples):*

- Carlos ta pasao.
  Carlos is always over the line.

- La proofesora se paso con el examen.
  The teacher went over the line with that test.

*Informal*

# Ta'To

(Expresión)
Contracción linguística de la frase "Está todo bien."

(Expression)
Linguistic contraction of the phrase in Spanish "Everything is all right"

*Ejemplos (Examples):*

- - ¿Puedes moverte?
  - Could you move?

- Ta'to
- OK.

- Ta'to', llego en un momento.
  OK, I'll be there in a moment.

- Ta'to' te entiendo.
  OK I understand.

*Informal*

# Tablazo

(Sustantivo - Masculino)
Pegarle a una persona con cualquier objeto no necesariamente con una tabla.

(Noun - Masculine)
Hitting someone with an object, not necessarily a board.

Sinónimos (Synonyms): Pegar (Hit).

*Ejemplos (Examples):*

- Ten cuidado con esa escalera, le puedes dar un tablazo a alguien.
  Be careful with that ladder, you could hit someone

- Me di un tablazo con la puerta.
  I hit myself with the door.

- Carlos le dio un tablazo a Ramón.
  Carlos hit Ramon.

*Informal*

## Tallazo

(Sustantivo-Masculino)
Un golpe violento propiciado por una persona o por un accidente.

(Noun- Masculine)
Violent blow delivered by a person or an accident.

Sinónimos (Synonyms): Golpe (Hit)

*Ejemplos* **(Examples)**

- Si no te comportas te voy a dar un tallazo.
  If you don't behave I'm goning to hit you.

- Me cai en la escalera y me di un tallazo.
  I fell from the stairs and hit myself pretty bad.

- Se dio un tallazo bailando.
  She got hit pretty bad while dancing.

*Informal*

## Tiguere

(Masculino – Sustantivo)
Hombre con astucia o inteligencia de calle, hombre de bajo estatus social, un Hombre cualquiera.

(Masculine - Noun)
An astute man or with street smarts (gangster looking). A man with low social status (hood person). A random man

Sinónimos (Synonyms): Tipo (dude)

Ejemplos *(Examples)*:

- Yo no confío en él, tiene cara de tiguere.
  I don't trust him he has a gangster face.

- ¿Y ese tiguere quien es ?
  Who's that dude ?

*Informal, Urban*

## Tiguerito (M) / Tiguerita (F)

(Sustantivo)
Diminutivo de "tiguere", usado para referirse a los niños que son astutos.

(Noun)
Diminutive of "tiguere" used to refer to children who are cunning.

Sinónimos (Synonyms): Carajito (Kid).

Ejemplos *(Examples)*:

- Los tigueritos que están en el play.
  The kids that are at the field.

- Ese tiguerito si es freco.

That kid is so fresh.

- Mira a esa tiguerita encaramada en la mesa.
Look at that girl on top of the table.

*Informal*

# Tolete

(Masculino - Sustantivo)
Persona que se considera lo mejor en lo que practica o hace. El mejor entre las personas que lo rodean o al compararse con ellos.

(Noun - Masculine)
Person who is considered the best in what they practice or does. The best among the people around him or when compared with them.

Sinónimos (Synonyms): El mejor (The best).

*Ejemplos (Examples):*

- Luis es el tolete del equipo.
Luis is the best in the team

- Pedro es un tolete corriendo.
Pedro is a very good runner.

- Ellos son unos toletes en eso.
They are the best on that.

*Informal, Compliment*

## Tostonera

(Sustantivo – Femenino)
Instrumento de cocina que se usa para majar las rodajas gruesas de plátano utilizadas en la preparación de tostones.

(Noun – Feminine)
Kitchen utensil used for pressing the thick plantain slices used in the preparation of Tostones.

Sinónimos (synonyms): Maja platanos (Plantain presser)

*Ejemplos (Examples):*

- Pasame la tostonera para comenzar a preparar la cena.
  Pass me the plantain presser so i can start preparing dinner.

- Si cortas el plátano demasiado gordo puedes romper la tostonera.
  If you cut the plantain too thick you may break the plantain presser.

*Utensils*


## Tostones

(Sustantivo – Masculino)
Rodajas gruesas de platano aplastadas ligeramente y fritas, que se sirven con sal y acompañadas de carnes o huevo.

(Noun – Masculine)
Thick plantain slices, which are then pressed and fried, served with salt and accompanied with various meats or eggs.

Sinonimos (synonyms): Fritos (Fried plantains)

Ejemplos (Examples):

- Si no es mangú de cena pues comemos tostones, pero yo quiero platano.
 If we're not having mangú for dinner then we're gonna eat tostones, either way I want plantains.
- Yo soy loco con mis Fritos con salami y huevo.
 I'm mad in love with some fried plantain, salami and eggs.

Informal

# Trompón

(Sustantivo - Masculino)
Un golpe de puños.

(Noun - Masculine)
A punch with closed fists.

Ejemplos (Examples):

- ¡Le van a dar un trompón si sigue así !
 He's going to end with a punch on the face if he keeps it up!

- Le dio un trompón por meterse.
  He got punched for getting involved.

- Te doy un trompón que rueda.
  I'll hit you so hard you'll roll over.

*Informal, Slang*

# Tufo

(Sustantivo - Masculino)
Mal olor que deja en el cuerpo la bebida alcohólica.

(Noun - Masculine)
Body odor (usually in the mouth) caused by alcoholic beverages.

*Ejemplos (Examples):*

- ¡Por ese tufo me doy cuenta que la fiesta estuvo buena!
  From that smell I can tell the party was good!

- La próxima vez que te acerques me das hielo para beberme tu tufo.
  The next time you come close bring ice so I can sollow that smell of booze.

- Cepillate para que se te quite el tufo.
  Brush your teeth to get rid of that smell.

*Informal, Slang*

# Tumbe

(Sustantivo - Masculino)
Que te roben o acción de robar.
Cuando se cae algo.

(Noun - Masculine)
Get robbed or action of stealing.
When something falls.

Sinónimos (Synonyms): Robo (Steal, Roberry, Scam).

*Ejemplos (Examples):*

- Qué tumbe le dieron con ese precio
  She got robbed with that price.

- Ayer Pedro tumbó la televisión
  Yesterday Pedro dropped the Tv.

- Si no averiguas cuánto cuesta primero, te van a tumbar.
  If you don't find out the price ahead, they will scam you.

*Informal, Slang*

# Vaina

(Femenino – Sustantivo)
Contrariedad o molestia.
una cosa sin importancia.
una cosa cualquiera.

(Noun - Feminine)

An annoying situation.
Something with little to no importance.
A random thing.

Sinónimos (Synonyms): Asunto (issue), Cosa (thing).

*Ejemplos (Examples):*

- ¡Que vaina con esta nevera rota!
  This broken fridge is so annoying!

- A mí no me importa esa vaina.
  I don't give a crap.

*Informal, Cursing*

## Vamo a lo que vinimo'

(Expresión)
Terminar rápidamente algún deber o una acción.

(Expression)
To swiftly execute a task; literally translates to "let's get to hat we came for".

*Ejemplos (Examples):*

- ¿Que hace todo el mundo sentado? Vamo a lo que vinimo' señores!
  What's everyone doing sitting? Let's finish what we're here to do!

- Vamo a lo que vinimo' para Salir temprano y bebernos par de cervezas.

Let's do what we gotta do so we can leave early and get a couple of beers

*Informal*

# Verdugo

(Masculino - Sustantivo)
Persona con grandes cualidades para hacer una actividad.

(Noun - Masculine)
Person with great qualities for an activity.

Sinónimos (**Synonyms**): Montro (**Badass**).

*Ejemplos (Examples):*

- Jordan era verdugo en basketball.
  Jordan was very good at basketball.

- Yo soy un verdugo en eso.
  I am a pro on that.

*Informal, Compliment*

# Vestida de novia

(Adjetivo - Femenino)
cuando una cerveza esta fría y en su exterior la botella está blanca de congelación, pero el líquido interior no está congelado. Es la temperatura acostumbrada en que se bebe la

cerveza en República Dominicana.

(Adjective - Feminine)
When a beer is cold and the exterior of the bottle is white due to freezing, but the inside liquid is not frozen. It is the usual temperature at which the beer is drunk in Dominican Republic.

Sinónimos (Synonyms): Bien fría (Very cold).

*Ejemplos (Examples):*

- Dame una Presidente vestida de novia.
  Give me a Presidente well cooled.

- Pasamela vestida de novia.
  Pass me a cold beer.

*Informal*

# Viejebo (M) / Viejeba (F)

(Adjective)
Persona de edad muy madura que quiere llevar la moda y vestir como los jóvenes.

(Adjective)
Person of age very mature that wants to be up to date with fashion and dress like a young person.

*Ejemplos (Examples):*

- Mi mama priva en viejeba.
  My mom thinks she is young.

- Estos viejebos de hoy en día andan como jevitos de 20.
  Old people nowadays want to dress like if they were 20.

- No soporto cuando papi sale como un viejebo
  Can't stand when dad goes out looking like a young kid.

*Informal, Offensive*

# Viejo (M) / Vieja (F)

(Sustantivo)
Otra forma de llamar a un amigo o a una persona cualquiera, equivalente a "dude" en ingles.
Persona Vieja.

(Noun)
Another way of calling a friend or a random person, equivalent to "dude" in English.
Old person.

Sinónimos (Synonyms): Loco/a, amigo (Friend, Pal, Bitch).

*Ejemplos (Examples):*

- Viejo, ven acá.
  Pal, come here.

- ¿Vieja, vamos a salir el viernes?
  Bitch, are we going out Friday?

- Viejo que calor hace nos vamos a derretir
  Dude it's so hot, we are going to melt.

*Informal*

# Viralata

(Adjetivo - Unisex)
Perro callejero de raza indefinida. Persona de baja categoría.

(Adjective - unisex)
Stray dog of no define breed. Person of low class. Would translate literally to "Can Turner." But would be more accurately interpreted as "mutt".

*Ejemplos (Examples):*

- En la calle hay muchos viralatas.
  There are a lot of stray dogs on the streets.

- Ese muchachito es un viralata.
  That kid is a mutt.

- Yo no hago negocios con viralatas.
  I don't do business with mutts.

*Slang, Informal*

# Voladora

(femenino – Sustantivo)
Minibús de transporte público.

(Noun - Feminine)

Small bus used for public transportation.

Sinónimos (Synonyms): Guagua, Minibus (Mini-bus).

Ejemplos (Examples):

- Son 25 pesos para la voladora.
  It´s 25 pesos for the mini-bus ride

- En esa calle no hay ruta de carrito solo de voladora.
  There are no public cars on that street only mini-bus.

- Coje una voladora, que son mas seguras.
  Take a mini-bus, they are safer.

*Informal*

# Yaniqueque

(Sustantivo – Masculino)
Del inglés "journey cakes" estos panecillos aplanados se consumen frecuentemente en la playa o en casa por su fácil preparación y lo mucho que satisfacen.

(Noun – Masculine)
From the English "Journey cakes" these flattened soft biscuits are frequently eaten at beaches or at home due to their easy preparation and how much they fill you up.

*Ejemplos (Examples):*

- En la playa siempre vas a ver gente vendiendo yaniqueques.

You'll always see people selling yaniqueques at the beach.

- El yaniqueque es la mejor comida cuando no se tiene mucho dinero.
  Yaniqueques are the best thing you can eat when low on money.

*Informal*


# Yeyo

(Masculino – Sustantivo)
Cualquier trastorno repentino que sea lo suficientemente grave como para ir al médico, tomar remedios y faltar al colegio o trabajo.

(Noun - Masculine)
Any sudden disorder that is serious enough to go to the doctor, take medicine and miss school or work.

Sinónimos (Synonyms): Patatús (Sick).

*Ejemplos (Examples):*

- Laura no vino a trabajar, le dio un yeyo anoche.
  Laura did not come to work, she is sick.

- ¿Que yeyo le dio a tu hermano?
  What sickness struck your brother?

*Informal*

# Yuca

(Masculino - Sustantivo)
Un tubérculo también llamado mandioca, muy usado en la República Dominicana para hacer casabe, catibía, bollitos, entre otras cosas.
Hacer yuca quiere decir esperar o matar el tiempo.

(Noun - Masculine)
A tuber also called yucca, widely used in the Dominican Republic to make cassava bread, catibía, rolls, among other things.
To do Yucca means to wait or kill time.

Sinónimos (Synonyms): Casava (Yucca).

*Ejemplos (Examples):*

- Vamos a hacer un puré de yuca.
  Let's make some mashed yucca.

- Esta yuca es muy blandita.
  This yucca is very bland.

- Tenemos que hacer yuca aquí antes de la próxima clase.
  We have to kill some time here before the next class.

*Informal*

DominicanSpanish101.com

## Uncensored Dominican Spanish

**WARNING:** This section contains vulgar words and phrases, so skip this if you are offended by strong language or you only want to know the PG-13 stuff. **You've been warned.**

Afrentoso (M) / Afrentosa (F) ........................................................... 176

Agenta'o (M) / Agentá (F) ................................................................. 177

Amema'o (M) / Amema'a (F) ............................................................ 177

Azaroso ............................................................................................. 178

Balbaro (M) / Balbara (F) ............................................. 179

Bolsa ............................................................................... 179

Bultero (M) / Bultera (F) ............................................. 180

Chancleta ...................................................................... 181

Charlie ........................................................................... 182

Chato (M) / Chata (F) .................................................. 183

Chin ............................................................................... 183

Chopo (M) / Chopa (F) ................................................ 184

Coño ............................................................................. 185

Creta ............................................................................. 186

Cuerno; Cuernero (M) / Cuernera (F) ....................... 187

Cuernú (M) / Cuernúa (F) ........................................... 187

Cuero ............................................................................ 188

Decricaje/ Decri .......................................................... 189

Grillo ............................................................................. 190

Guineo .......................................................................... 190

Joder ............................................................................. 191

Majar ............................................................................ 192

Maricon ........................................................................ 193

Pájaro ........................................................................... 193

Pendejo (M) / Pendeja (F) .......................................... 194

Peo ................................................................................ 195

Popola ..................................................................... 196

Rapar ...................................................................... 196

Ripio ....................................................................... 197

Samar .................................................................... 197

Sanki-Panki ........................................................... 198

# Afrentoso (M) / Afrentosa (F)

(Adjetivo)
Individuo con una mezcla de inoportuno y atrevido, presumido.

(Adjective)
Individual with a mixture of ungrateful and daring, boastful.

Sinónimos *(Synonyms):* **Altanero** *(Haughty)*

*Ejemplos (Examples):*

- Ese tipo si es afrentoso.
  That guy is so haughty.

- No sea tan afrentoso, salúdalo.
  Don't be so uptight, say hello to him.

- Él no me cae bien por afrentoso.
  I don't like that guy because he's a show off.

*Informal, Slang, Vulgar, Offensive, Rural (El Campo)*

## Agenta'o (M) / Agentá (F)

(Adjetivo)
Una persona que cree que es mejor que los demás por una razón como belleza, dinero, inteligencia, etc.

(Adjective)
A person that thinks he or she is better than everyone else because of beauty, money, intelligence, etc.

Sinónimos (Synonyms): **Arrogante, Vanidoso, comparón/a** (Arrogant, Vain, showoff)

*Ejemplos (Examples):*

- Mira a esa agentá como camina por ahí.
  Look at that stuck upgirl walking around.

- No seas agentao que no te luce.
  Don't be arrogant it doesn't suit you.

- Mírala que comparona.
  Look at her, so vain.

*Informal, Vulgar*


## Amema'o (M) / Amema'a (F)

(Adjetivo)
Se utiliza como un término para describir a una persona

discapacitada, un idiota o lenta.

(Adjective)
Used as a term to describe a lame person, adumbass or a slow person.

*Sinónimos* (Synonyms): **Idiota** (Lame, Dumbass).

*Ejemplos (Examples):*

- Ella te 'taba mirando y tú de amema'o la déjate ir.
  She was looking at you, and like an idiot you let her go.

- Que amema'o, ni siquiera lo intentaste
  You are so lame; you didn't even try.

*Informal,* Offensive, Vulgar

# Azaroso

(Sustantivo—Masculino, Adjetivo)
Persona de mala fé que no deja avanzar ó que trae mala suerte a metas y objetivos.

(Noun – Masculine, Adjective)
A person with bad intentions, that leaves no progress or its bad luck to goals and objectives.

*Sinónimos* (Synonyms): **Desgraciado** (Unfortunate).

*Ejemplos (Examples):*

- Luis sí es azaroso, perdimos por su culpa.

Luis is unlucky, we lost because of him.

- Casi chocho con ese azaroso.
  I almost crashed with that poor bastard.

*Informal, Offensive*

## Balbaro (M) / Balbara (F)

(Adjetivo)
Alguien que hizo algo fuera de lo común o absurdo.

(Adjective)
Someone who did something out of the ordinary or absurd.

*Sinónimos (Synonyms):* Abusador, Absurdo (Absurd, Abusive).

*Ejemplos (Examples):*

- Que balbaro ese tipo.
  What an asshole that dude.

- Balbaro se sacó la loto.
  What a Dude, he won the lotto!

*Informal, Slang*

## Bolsa

(Adjetivo)
Sujeto muy menso y atolondrado. Existe el Bolsa característico por sus chistes, quizás de mal gusto pero cómicos, también el "Bolsa" no es el mejor conversando o dando opiniones.

También puede referirse al escroto.

(Adjective)
Dumb or slow individual, dialogue is not his strong suit. The typical "Bolsa" is known by his jokes, perhaps bad jokes, but still funny. The "Bolsa", is not the best talking or giving opinions may also refer to the scrotum.

Sinónimos (Synonyms): Lento, Bobo (Slow, Dumb).

Ejemplos (Examples):

- Ese tipo es un bolsa
  That guy is a fool.

- Él tiene cara de bolsa.
  He has a dumb expression.

*Informal, Slang, Vulgar, Offensive*

# Bultero (M) / Bultera (F)

(Adjetivo)
Persona que miente siempre, dice cosas que al final nunca realiza.
Suele ser el individuo que protagoniza un escándalo ridículo o un bochorno.

(Adjective)
Person who always lies, says things that are ultimately never done.
Someone who is the central character in a ridiculous scandal or embarrassment.

Sinónimos (Synonyms): Mentiroso, Privón (Liar, Show-off)

Ejemplos (Examples):

- Tu si eres bultero, dijiste que me ibas a traer unos zapatos de Nueva York y no fue asi.
  You're such a liar, you said you were going to bring me some shoes from New York and you didn't bring me anything.

- ¡Que bultero!
  You're such a liar!

- No quiero hacer coro con ese bultero.
  I don't feel like going out with that bullshitter.

*Informal, Slang, Vulgar, Offensive*

# Chancleta

(Femenino – Sustantivo)
Sandalia sin talón o con el talón aplastado, generalmente de suela ligera y que suelen usarse dentro de casa.
También esta palabra es utilizada vulgarmente cuando una mujer tiene una vagina muy grande.

(Noun - Feminine)
Flat sandals or wedge heel, usually lightweight sole and often used indoors.
Also this word is used vulgarly when a woman has a big vagina.

Sinónimos (Synonyms): Sandalia (Sandal).

*Ejemplos (Examples):*

- ¿Y a ti no te tiraron una chancleta de muchacho?
  They didn't throw you a sandal when you where a kid?
- ¿Dónde está mi chancleta?
  ¿Where are my sandals?
- Anoche estuve con una jevita con una chancleta.
  Last night I was with this girl with such a big pussy.

*Informal, Vulgar*

# Charlie

(Adjective - unisex)
Alguien no muy inteligente.

(Adjective - unisex)
Someone who isn't very smart.

Sinónimos (Synonyms): Estúpido (Stupid).

*Ejemplos (Examples):*

- ¡Wao, tu si eres Charlie!
  Wow, you are so stupid.
- Que Charlie fue la clase de sociales.
  Social Studies class was so stupid.
- ¡Deja de ser tan Charlie!
  Stop being stupid.

*Informal, Offensive, Vulgar*

# Chato (M) / Chata (F)

(Adjetivo)
Una persona que no tiene nalga.

(Adjective)
Person with a flat ass.

Sinónimos (Synonyms): Nalga plana (Flat butt)

*Ejemplos (Examples):*

- Esa tipa es chata.
  That girl has a flat ass

- A mí no me gusta la hermana de Luis, ella es chata.
  I don't like Luis' sister, she's got no ass.

- Me veo chata con estos Jeans.
  I look flat with these jeans.

*Informal, Vulgar*

# Chin

(Adjetivo - Masculine)
Expresión que indica poca can'tidad de algo.
"Hacer un chin" significa tener sexo pero en plan rápido y de improviso.

(Noun - Masculine)
Expression used to indicate a small amount of something. "Doing a chin" means to have a quickie.

*Sinónimos (Synonyms):* Poquito (A Little, Quickie).

*Ejemplos (Examples):*

- ¿Quieres hacer un chin aquí en el carro?
  Want to have a quickie here in the car?

- Dame un chin de ese refresco.
  Give me a little bit of that soda.

*Informal*

# Chopo (M) / Chopa (F)

(Adjetivo)
Las personas que hacen los mandados u oficios domésticos, son conocidos como "chopos". Esta palabra es muy despectiva y se refiere a toda aquella persona o cosa que está fuera de moda, de muy mala clase o de baja categoría, ridículo o feo.

(Adjective)
The people that take care of errands or housework, are known as "chopos". This word is very derogatory and refers to any person or thing that is out of fashion, low class, ridiculous or ugly.

*Sinónimos (Synonyms):* Inculto, Ridículo (Uncultured, Ridiculous, Skank).

*Ejemplos (Examples):*

- Esa tipa viste como una verdadera chopa
  That chick dresses like a real skank

- ¿Oye, tú crees que yo soy tu chopo?
  Hey, you think I'm your slave/servant?

*Informal, Slang, Vulgar, Offensive*

# Coño

(Expresión)
La palabra dominicana más común para expresar molestia, disgusto, inconformidad.
Parte intima de la mujer

(Expression)
The most common Dominican Word to express annoyance, worry, discomfort.
Intimate female parts.

Sinónimos (Synonyms): Carajo, Vagina (Fuck, Dammit, Vagina)

*Ejemplos (Examples):*

- ¡Coño! Cierra la nevera.
  Fuck Damn it! Close the fridge.

- Coño hasta cuándo van a estar estos apagones.
  Dammit, until when we will have this power outage.

- ¡Coño!
  Fuck!

Damn!
Dammit!
Shit!

*Informal, Vulgar*

# Creta

(Sustantivo - Femenino)
Se refiere al área genital feminina y es también una expresión de sorpresa.

(Noun - Feminine)
It refers to the female genital area and it is also an expression of surprise.

*Ejemplos (Examples):*

- ¡Las niñas tienen que aprender a lavarse la creta !
  Little girls need to learn how to wash their privates!

- ¡La creta que calor!
  Damn this heat!

- ¡Anda pa la creta, perdimos!
  Dammit to hell, we lost!

*Informal, Vulgar*

## Cuerno; Cuernero (M) / Cuernera (F)

(Masculino – Sustantivo/Adjetivo)
Hace referencia al incumplimiento del compromiso de fidelidad entre pareja.

(Noun/adjective - Masculine)
It refers to the breach of commitment of fidelity among couples.

Sinónimos (Synonyms): Engañar (Cheat).

*Ejemplos (Examples):*

- Carlos termino con Rosa porque le pego los cuernos.
  Carlos broke up with Rosa because she cheated on him.

- El marido de Nicaury es cuernero.
  Nicaury's husband is a cheater.

- Ella es una cuernera.
  She is a cheater

Informal, Vulgar, Cursing, Offensive

## Cuernú (M) / Cuernúa (F)

(Sustantivo)
Una persona a la que le están siendo infiel.

(Noun)

A person that's being cheated on.

*Ejemplos (Examples):*

- Ahí va el cuernú.
  There goes that guy whose wife has been cheating on.
- No sabe que es una cuernua.
  She doesn't know she's being cheated on.
- Oí que el vecino es un cuernú.
  I hear the neighbor's being cheated on.

*Slang, Informal, Vulgar*

# Cuero

(Adjetivo/Sustantivo - Masculino)
En su uso coloquial se utiliza para referirse a una mujer de moral dudosa, a una protituta o una mujer con un historial amoroso amplio. En su definición literal es la palabra que se refiere a la piel de los animales cuando es tratada para la confección de vestimentas.

(Adjective/Noun - Masculine)
In its regular use the word refers to a woman with low morals, a prostitute or a woman that is said to have had many sexual partners. In its literal use this is the Spanish word for leather but Dominicans prefer to use the word "Piel" which translates to "Skin."

Sinónimos (Synonyms): Puta (Whore)

*Ejemplos (Examples):*

- Dicen por el barrio que ella es un cuero.
  It's said in the hood that she's a whore.

- Yo no tengo relaciones con cueros.
  I don't sleep with whore.

- ¿Cuanto me cobrará ese cuero?
  How much do you think that whore would charge me?

*Informal, Vulgar*


## Decricaje/ Decri

(Adjetivo)
Apariencia desarreglada o descuidada. Falta de dinero para ir a salón o pelarse.
Aplica para objetos en malas condiciones.

(Adjective)
Untidy or unkept appearance.
Applies to objects in poor condition.

**Sinónimos** (Synonyms): **Desarreglado/a** (Untidy)

*Ejemplos (Examples):*

- Wao, que decri tiene esa tipa.
  Wao, that girl looks Untidy.

- Tu no vas a salir conmigo con ese decricaje
  You are not going out with me looking like that.

- Mejor vete al salón a quitarte ese decri.
  You better go to the beauty salon to fix your look.

*Informal, Slang, Offensive*

# Grillo

(Sustantivo - Masculino)
Mujer con pocos atributos físicos, por los general muy delgada y pelo crespo con mucha tendencia a coquetear con hombres.

(Noun - Masculine)
A woman that is considered ugly by Dominican standards, usually has kinky hair, is very thin and has a tendency of flirting. The literal translation of "grillo" is "cricket."

*Ejemplos (Examples):*

- **Esa es un grillo, todos los días sale con uno nuevo.**
  That girl is loose, she's out with a new guy every day.

- **Te vi ayer con el grillo ese.**
  Saw you yesterday with that ugly ckick.

- **La muchacha de la esquina es un grillo.**
  The girl from the corner is a floozy.

*Slang, Informal, Vulgar*

# Guineo

(Masculino - Sustantivo)

Nombre que se le da a la banana.
También se usa como doble sentido para referirse al miembro masculino.

(Noun - Masculine)
Name given to bananas.
Also used as double sense to refer to the male's member.

Sinónimos (Synonyms): Banana (Banana).

Ejemplos *(Examples)*:

- Pélame el guineo.
  Peel my banana.

- ¿A cuanto son los guineos?
  How much do the bananas cost?

- Yo quiero una batida de guineo.
  I want a banana shake.

*Informal*

# Joder

(Verbo)
Esta palabra es relativa a molestar. También significa: "Hacer el amor".

(Verb)
This word refers to bothering.

Also means "to fuck".

Sinónimos (Synonyms): Molestar (Bother, fuck).

*Ejemplos (Examples):*

- ¡Coño, tu si jodes!
  Fuck, you bother so much!

- No me jodas.
  Don't fuck with me.

- Tu solo vives jodiendo.
  You are always bothering.

*Informal, Cursing*

# Majar

(Verbo)
Acción de aplastar algo. Golpear a alguién. Tener relaciones sexuales.

(Verb)
To smash something. Hitting someone. Having sex.

Sinónimos (Synonyms): Aplastar (to Flatten)

*Ejemplos (Examples):*

- Hay que majar el plátano para el mangú.
  You have to mash the plantains for the mangú.

- Esos dos van a majar.
  Those two are going to have sex.

- Te voy a majar si sigues fuñendo.

I'm going to hit you if you keep bothering me.

*Verb, Vulgar*

# Maricon

(Adjetivo - Masculino)
Adjetivo despectivo que describe a un gay completamente afeminado.

(Adjective - Masculine)
Adjective used to describe very feminine homosexual.

*Sinónimos (Synonyms)*: homosexual, gay, marica (Gay, Fagot)

*Ejemplos (Examples):*

- Mira ese maricón como camina.
  **Look how that fagot walks.**

- Tu parece maricón con ese pantalón.
  **You look like a fagot with those pants**

*Slang, Cursing, Offensive*

# Pájaro

(Sustantivo - Masculino)
Palabra que es sinónimo de "ave" pero que para los dominicanos se refiere a un hombre homosexual.

(Noun - Masculine)

It can be literally translated as "bird" but for Dominicans it is also the term used to refer to a homosexual man.

Sinónimos (Synonyms) : Maricón (Fag)

Ejemplos (Examples):

- **Yo no hablo con pájaro.**
  I don't talk to homosexuals.

- **Yo creo que el vecino es pájaro.**
  I think the neighbor is gay.

- **Vamos hoy al bar de pájaro.**
  Let's go to the gay bar tonight.

*Informal, Vulgar, Pejorative*

# Pendejo (M) / Pendeja (F)

(Adjetivo)
Utilizado para referirse a una persona miedosa.

(Adjective)
Used to describe a coward person.

Sinónimos (Synonyms): Miedoso (Fearfull).

*Ejemplos (Examples):*

- **No seas tan pendejo.**
  Don't be such a coward.

- **Tu si eres pendejo.**

You are so fearful.

- Que pendejo, no quiere probar el sancocho
  He is so fearful; he doesn't want to try the sancocho.

*Informal, Vulgar, Offensive*

# Peo

(Sustantivo - Masculino)
Palabra dominicana que se refiere a la expulsión de un gas por la vía intestinal.

(Noun - Masculine)
Can be translated literally as Fart.

Sinónimos (Synonyms) : Flatulencia (Flatulence)

*Ejemplos (Examples):*

- ¡Se tiraron un peo!
  Someone farted!

- Mejor te vas que me voy a tirar un peo.
  You better leave, I'm about to fart.

- Alguien se murió o se tiraron un peo.
  There's a dead body here or someone farted.

*Informal, Vulgar*

DominicanSpanish101.com

# Popola

(Femenino – Sustantivo)
Forma vulgar de decir vagina.

(Noun - Feminine)
Vulgar way to say vagina.

Sinónimos (Synonyms): Vagina, Toto (Vagina, Pussy).

Ejemplos *(Examples):*

- Mamame la popola.
  Suck my pussy.

- Me gustan las popolas pero no todas
  I like pussies but not all of them

*Vulgar*

# Rapar

(Verbo)
Es la forma dominicana de decir "tener sexo" generalmente vigorosamente.

(Verb)
Is the Dominican way of saying "have sex" generally in a vigorous way.

Sinónimos (Synonyms): Cojer (to Fuck).

Ejemplos *(Examples):*

- El rapo con esa jevita.
  He fucked that girl.

- Escuche que estaban rapando en el baño del trabajo.
  I heard they were fucking in the bathroom at work.

*Informal, Vulgar*

# Ripio

(Masculino – Sustantivo)
Termino vulgar para referirse al pene.

(Noun – Masculine)
Vulgar way to say pennies.

Sinónimos (Synonyms): Pene, Guebo (Dick).

*Ejemplos (Examples):*

- Mámame el ripio.
  Suck my dick.

- ¡Ese pana tenía un ripio!
  He had such a dick.

*Vulgar*

# Samar

(Verbo)
Acción de manosear el cuerpo de alguien con intenciones

eróticas o sexuales.

(Verb)
Action of fondle someone's body with erotic or sexual intentions.

Sinónimos (Synonyms): Tocar a alguien (Touching someone).

Ejemplos (Examples):

- Deja de samarme.
  Stop touching me

- ellos viven samandose.
  They are always touching each other.

Informal, Vulgar


# Sanki-Panki

(Sustantivo - Unisex)
También conocidos simplemente como "Sanki" es una persona por lo general de piel oscura que se dedica a caminar las playas de la isla buscando extranjeros a quienes enamorar en busca de dinero, o con el fin último de adquirir una visa para salir del país, por lo general a través del matrimonio.

(Noun - Unisex)
Also known simply as "Sanki" it's a dark skinned person that roams the beaches of the island in search for foreigners to start a romance for money or with the ultimate end of getting a visa to leave the country, usually through marriage.

Sinónimos (Synonyms): Prostituto, Gigoló (Prostitute, Gigolo)

*Ejemplos (Examples):*

- **Los Sanki- Panki están sueltos en boca chica.**
  Sanki-pankis are loose in boca chica (local beach).

- Se casó con un sanki la alemana.
  The German lady married a sanki.

*Informal, Vulgar, Pejorative*

DominicanSpanish101.com

# DomincanSpanish101

## Do you have trouble understanding Dominican Spanish speakers?

Dominicans are known for their fast-paced speech. Want to understand them better?

Tune your ear to understand the unique Dominican accent with the **Dominican Spanish 101 audio course**.

**Sign up now** and you will get lifetime access to:

- Audio recordings of 14 authentic dialogues spoken by native Spanish speakers from the Dominican Republic

- Slow-speed version of each dialogue (Dominicans speak fast!)

- Complete line-by-line transcript of each dialogue with English translation

- Downloads of all audio and transcripts (.mp3 and .pdf)

- **BONUS: Dominican Music Pack** with lyrics and English translations of popular Dominican music

Special Discount: Get 20% off with coupon code **SAVE20**

Enroll now at http://courses.dominicanspanish101.com

CPSIA information can be obtained
at www.ICGtesting.com
Printed in the USA
LVHW021406240920
666994LV00003B/849